注音版

彩图注音

百科全书

军事天地　体育竞技

黑龙江美术出版社

图书在版编目(CIP)数据

军事天地　体育竞技 / 崔钟雷编. -- 哈尔滨：黑龙江美术出版社，2015.7

(中国少年儿童百科全书)

ISBN 978-7-5318-6675-6

Ⅰ. ①军…　Ⅱ. ①崔…　Ⅲ. ①军事－少儿读物②体育－少儿读物　Ⅳ. ①E-49②G8-49

中国版本图书馆 CIP 数据核字（2015）第 158529 号

书　　名 / **军事天地　体育竞技**

主　　编 / 崔钟雷
策　　划 / 钟　雷
副 主 编 / 王丽萍　姜丽婷　孙景霞
责任编辑 / 周　烨
装帧设计 / 稻草人工作室
出版发行 / 黑龙江美术出版社
地　　址 / 哈尔滨市道里区安定街 225 号
邮政编码 / 150016
编辑版权热线 /（0451）55174988
销售热线 / 4000456703　（0451）55183001
网　　址 / www.hljmscbs.com
经　　销 / 全国新华书店
印　　刷 / 山东昊宜印刷传媒有限公司
开　　本 / 889mm × 1194mm　1/32
印　　张 / 3
字　　数 / 100 千字
版　　次 / 2015 年 7 月第 1 版
印　　次 / 2018 年 9 月第 2 次印刷
书　　号 / ISBN 978-7-5318-6675-6
定　　价 / 10.00 元

前言

孩子们从出生的那一刻起，就开始对各种事物充满好奇。奇妙的大陆变迁，悠久的历史文明，神秘莫测的外太空，恐龙的灭绝之谜……这些对孩子都充满着难以抗拒的吸引力。如果说世界是一个拥有无限知识的宝库，那么孩子们则是开启宝库大门的最佳人选。

本套《中国少年儿童百科全书》适合 6~12 岁的孩子阅读。图书共八册(附赠礼兜)，知识含量大，涉及范围广泛。丛书语言轻松幽默，通俗易懂，图文并茂，能够让孩子在轻松愉快的氛围下学习知识。书中设有百科知识的链接和图片解析，可对正文知识点作进一步的补充，以方便孩子的阅读和思维拓展。本套图书标注拼音，能够提高孩子们的自主学习能力，即使没有家长的陪同孩子们也可以进行自主阅读。

亲爱的小读者，还在等什么呢，快快翻开这本百科全书来探索未知的世界吧！希望你们能够在书中发现探索秘密的乐趣，收获更多的快乐。

编者

CONTENTS……

目录

军事档案

CONTENTS......

目录

体育纵横

CONTENTS……

目录

军事档案

▼戈流行于商代至汉代。

gē
戈

gē shì yì zhǒng gǔ lǎo de
戈是一种古老的
bīng qì zǎo zài shāng cháo shí qī
兵器，早在商朝时期
jiù yǒu le tóng gē de chū xiàn suī
就有了铜戈的出现。虽
rán gē de jié gòu kàn qi lai shí
然戈的结构看起来十
fēn jiǎn dān dàn shì zài zhàn guó shí qī zhè zhǒng bīng qì
分简单，但是在战国时期，这种兵器
wèi qín guó tǒng yī liù guó zuò chū le jù dà de gòng
为秦国统一六国做出了巨大的贡
xiàn gē de yòng fǎ yǒu hěn duō zhǒng gē yuán
献。戈的用法有很多种，戈原

妙问趣答

戈是什么时候出现的?

A 秦朝

B 商朝

C 宋朝

答案:B

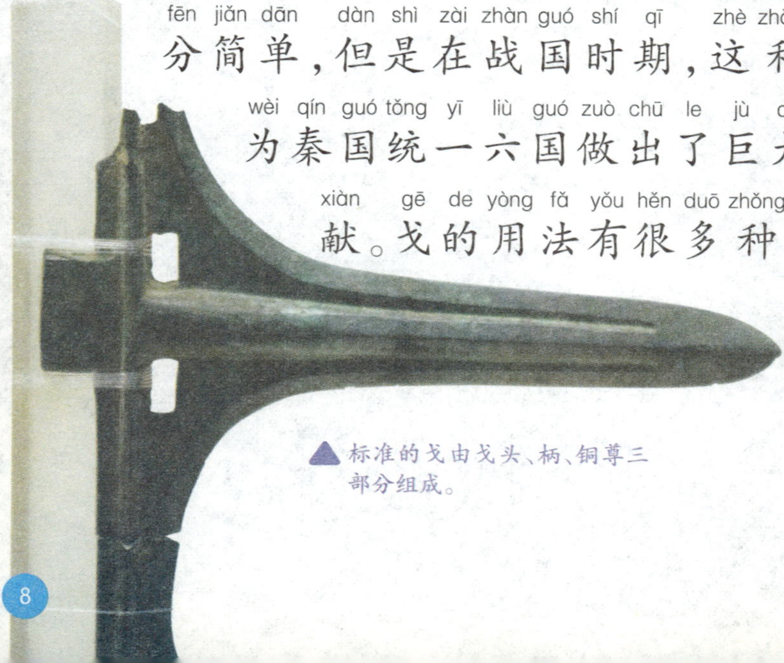

▲标准的戈由戈头、柄、铜尊三部分组成。

wéi cháng bǐng píng tóu rèn zài xià bian kě héng jī gōu
为长柄，平头，刃在下边，可横击、勾
shā hòu lái yòu gēn jù zuò zhàn fāng shì de bù tóng jiāng
杀，后来又根据作战方式的不同将
gē fēn wéi cháng zhōng duǎn sān zhǒng lèi xíng gē de
戈分为长、中、短三种类型。戈的
jī fǎ fēn wéi gōu guà hé zhā tiǎo děng fāng shì yì bān
击法分为勾挂和扎挑等方式。一般
qíng kuàng xià cháng gē yòng yú chē zhàn duǎn gē yòng yú
情况下，长戈用于车战，短戈用于
bù bīng zuì zǎo fā xiàn de qīng tóng zhù zào de gē tóu chū
步兵。最早发现的青铜铸造的戈头出
tǔ yú hé nán shěng yǎn shī xiàn èr
土于河南省偃师县二
lǐ tóu yí zhǐ
里头遗址。

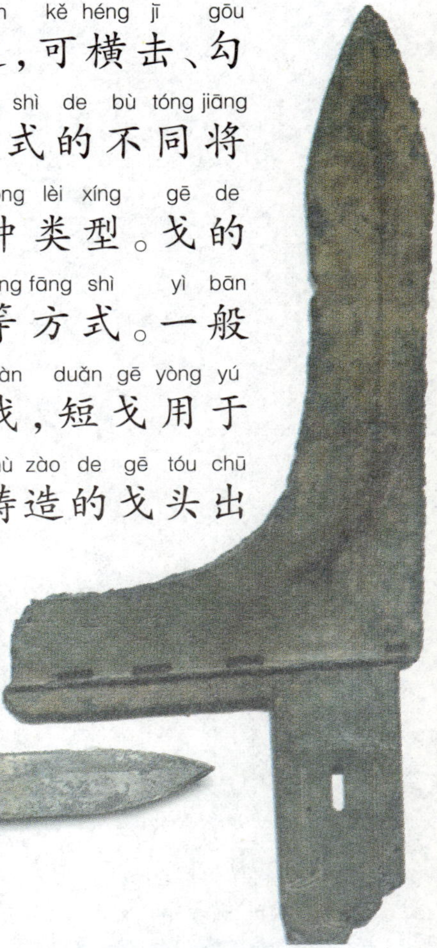

知识卡片

戈是受到石器时代的石镰、骨镰或陶镰的影响而产生的。戈在生产力低下的封建时期是一种十分具有杀伤力的武器。

máo
矛

矛最原始的形态是用来狩猎的前端修尖的木棒。

máo de fā zhǎn zài zhōng guó
矛的发展在中国
lì shǐ shang shí fēn jiǔ yuǎn máo bù
历史上十分久远，矛不
jǐn kě yǐ bǎo hù chí yǒu zhě de shēng mìng ān
仅可以保护持有者的生命安
quán hái kě yǐ yòng lái huò qǔ shí wù lìng wài
全，还可以用来获取食物。另外，
máo yě shì gǔ dài zhàn zhēng zhōng zuì cháng yòng
矛也是古代战争中最常用
de shǐ yòng liàng zuì dà de bìng qiě shì shǐ yòng shí jiān
的、使用量最大的，并且是使用时间
zuì cháng de lěng bīng qì zhī yī shì kān shǒu
最长的冷兵器之一，是看守
chéng chí bù kě huò quē de zhòng yào wǔ qì
城池不可或缺的重要武器。
máo de lì shǐ kě yǐ zhuī sù dào shāng dài
矛的历史可以追溯到商代，
cóng shāng dài kāi shǐ dào zhàn guó shí dài hòu
从商代开始到战国时代后

有些矛造型细长尖锐，宛如一把剑。

qī yì zhí shǐ yòng qīng tóng zhù zào
期一直使用青铜铸造
de máo tóu zhǐ shì zài xíng shì
的矛头，只是在形式
shang cóng shāng dài de kuò yè tóng
上从商代的阔叶铜
máo fā zhǎn chéng wéi zhàn guó shí qī
矛发展成为战国时期
de zhǎi yè tóng máo dào le hàn dài gāng tiě zhì
的窄叶铜矛。到了汉代，钢铁制
chéng de máo tóu zhú jiàn dài tì le qīng tóng máo tóu
成的矛头逐渐代替了青铜矛头。

妙问趣答

下列选项中对矛的描述不正确的一项是：

A 矛能够保护使用者的人身安全

B 矛是看守城池的重要武器

C 商朝时期所使用的矛是用钢铁铸造的

答案：C

大开眼界

古代长矛战术中最出名的当数由亚历山大大帝率领并指挥的“马其顿方阵”，这个几近坚不可摧的方阵使其军队所向披靡。

qiāng
枪

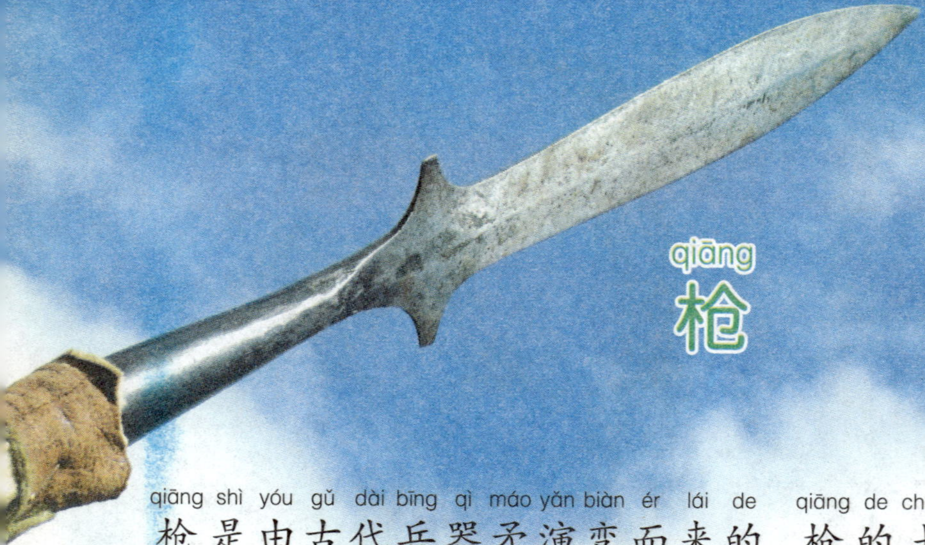

qiāng shì yóu gǔ dài bīng qì máo yǎn biàn ér lái de qiāng de cháng
枪是由古代兵器矛演变而来的。枪的长
dù yì bān xiāng dāng yú rén tǐ zhí lì shí shǒu bì shēn zhí de gāo dù
度一般相当于人体直立时手臂伸直的高度。
qiāng yǔ tā de qián shēn máo xiāng bǐ shā shāng lì yào dà de duō yīn
枪与它的前身矛相比，杀伤力要大得多，因
wèi qiāng de rèn cháng qiě
为枪的刃长且
fēng lì shǐ yòng de
锋利，使用的

▼枪属于一种长柄的刺击兵器。

fāng fǎ yě hěn duō biàn zào xíng shè jì jīng miào dú
方法也很多变，造型设计精妙独
dào zhè xiē yōu shì dōu shì qí tā bīng qì wú
到，这些优势都是其他兵器无
fǎ pǐ dí de yīn cǐ qiāng yòu bèi rén
法匹敌的，因此枪又被人
men chēng zuò bǎi bīng zhī wáng gǔ yǔ
们称作“百兵之王”。古语
yǒu yún nián quán yuè bàng jiǔ liàn
有云：“年拳，月棒，久练
qiāng zhè shì yīn wèi qiāng shù zài shí bā bān wǔ yì zhōng shì bǐ jiào nán
枪”。这是因为枪术在十八般武艺中是比较难
xué de yì zhǒng liàn qiāng shí yāo
学的一种，练枪时要
qiú shēn fǎ líng huó duō biàn huó dòng
求身法灵活多变、活动
fàn wéi dà bù fǎ qīng líng kuài
范围大、步法轻灵、快
sù wěn jiàn bú yì zhǎng wò
速、稳健，不易掌握。

妙问趣答

下列选项中对枪的描述不正确的是：

A 枪的长度相当于人体直立时手臂伸直的高度

B 枪被人们称为“百兵之王”

C 矛是由枪演变而来的

答案：C

科普课堂

枪法的基本动作主要是以拦、扎为主。到了晚清时期，长枪渐渐演变得结构简单，偏重扁镞形刃，圆底筒。这种长枪类型一直被沿用到现代武术运动中。

jiàn

剑

jiàn shì gǔ dài de yì zhǒng cháng jiàn bīng
剑是古代的一种常见兵
qì sù yǒu bīng zhōng jūn zǐ de měi chēng
器，素有“兵中君子”的美称。
gǔ dài de jiàn tōng cháng shì yóu jīn shǔ
古代的剑通常是由金属
duàn zào ér chéng de yì bān chéng
锻造而成的，一般呈
cháng tiáo xíng qián duān jiān ruì
长条形，前端尖锐，
hòu duān shè yǒu duǎn bǐng shì yì zhǒng shuāng rèn bīng
后端设有短柄，是一种双刃兵
qì zǎo zài shāng cháo shí qī jiù yǐ jīng yǒu shǐ liào
器。早在商朝时期就已经有史料
jì zǎi zhù jiàn de fāng fǎ le dāng shí
记载铸剑的方法了，当时
de jiàn de xíng zhuàng chéng liǔ yè xíng huò
的剑的形状呈柳叶形或
sān jiǎo xíng tōng cháng zuò wéi cháng bīng
三角形，通常作为长兵

春秋末年，开始流行长剑。

qì de fǔ zhù wǔ qì shǐ yòng zài
器的辅助武器使用。在
wú yuè děng shān chuān jiào duō de
吴、越等山川较多的
dì qū yīn shuǐ zhàn jiào duō ér jiāng
地区，因水战较多而将
jiàn zuò wéi zhǔ yào wǔ qì shǐ yòng
剑作为主要武器使用，
chūn qiū shí dài de míng jiàn yě yīn cǐ dà duō chǎn yú zhè xiē dì qū
春秋时代的名剑也因此大多产于这些地区。

妙问趣答

商朝史料中记载的剑是什么样子的？

答：商朝时期的剑通常呈柳叶形或三角形，一般情况下作为长兵器的辅助武器使用。

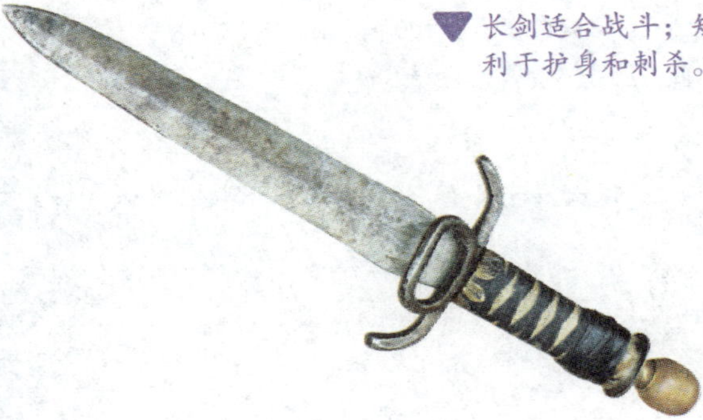

长剑适合战斗；短剑利于护身和刺杀。

知识卡片

迄今为止，在我国发现的最早的青铜剑是在内蒙古自治区伊金霍洛旗朱开沟遗址出土的“鄂尔多斯直柄匕首式青铜短剑”。

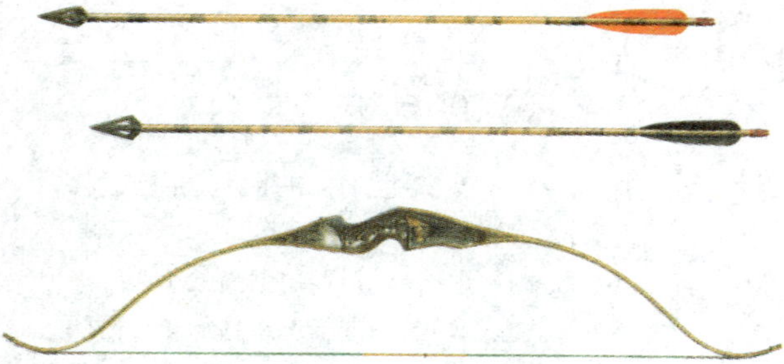

gōng
弓

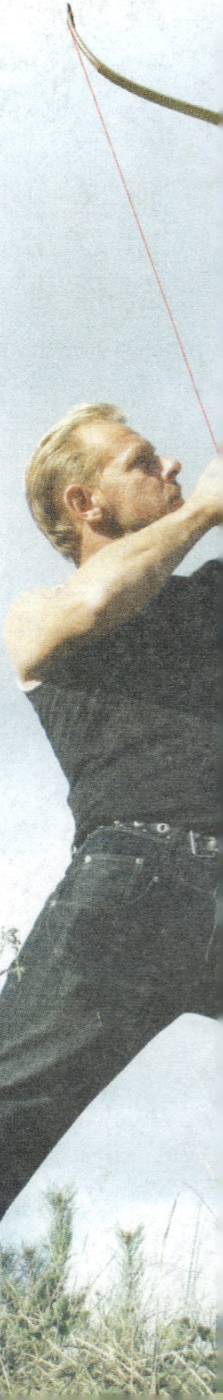

gōng de jié gòu fēi cháng jiǎn dān zhǔ yào yóu fù yǒu
弓的结构非常简单，主要由富有
tán xìng de gōng bì hé róu rèn jiē shi de gōng xián zǔ chéng
弹性的弓壁和柔韧结实的弓弦组成，
tōng cháng yǔ jiàn huò dàn wán pèi hé shǐ yòng chūn qiū zhàn guó
通常与箭或弹丸配合使用。春秋战国
shí qī shè jiàn shì liù yì zhī yī zài gōng tíng yàn huì
时期，射箭是六艺之一，在宫廷宴会
zhōng bèi shì wéi yì zhǒng lǐ yí guì zú zǐ dì men cóng
中被视为一种礼仪。贵族子弟们从
xiǎo jiù yào xué xí shè jiàn gōng zài gǔ dài zhàn zhēng zhōng
小就要学习射箭，弓在古代战争中
yì zhí jù yǒu shè chéng yuǎn hào shí duǎn shā shāng lì
一直具有射程远、耗时短、杀伤力
qiáng de yōu shì shì gǔ dài pāo shè bīng qì zhōng zuì gǔ
强的优势，是古代抛射兵器中最古

lǎo de tán shè wǔ qì wú lùn shì
老的弹射武器。无论是
gōng shǒu chéng chí hái shi fú jī
攻守城池还是伏击
zhàn zhèn dì
战、阵地
zhàn gōng jiàn dōu
战，弓箭都
kě yǐ zuò wéi zuì jiā wǔ qì lái shǐ yòng yǔ máo jiàn
可以作为最佳武器来使用。与矛、剑
děng wǔ qì xiāng bǐ gōng kě yǐ yòng yú yuǎn jù
等武器相比，弓可以用于远距
lí zuò zhàn shè shǒu kě yǐ lì yòng gōng jiàn
离作战。射手可以利用弓箭
yuǎn jù lí shè shā dí rén bìng qiě bú
远距离射杀敌人，并且不
huì bèi dí rén shāng dào
会被敌人伤到。

妙问趣答

弓在古代战争中具有哪些优势？

答：射程远、耗时短、杀伤力强、轻巧灵便、命中率高。

大开眼界

弓的工作原理是：弓弦拉开后将积聚的力量在短时间内释放出来，将扣在弓弦上的箭或弹丸射出。弓一直以其轻巧灵便、命中率高的优势广泛用于战争中，直到清朝末年火器被广泛使用后才渐渐淡出战争舞台。

shǒu qiāng
手枪

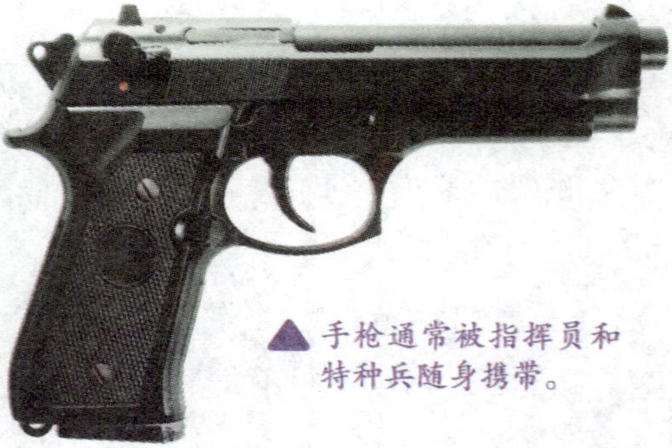
▲手枪通常被指挥员和特种兵随身携带。

shǒu qiāng shì xiàn dài zhàn zhēng zhōng
手枪是现代战争中
yì zhǒng cháng jiàn de duǎn qiāng guǎn shì rè
一种常见的短枪管式热
wǔ qì kě zài mǐ de shè chéng nèi duì
武器。可在50米的射程内对
dí rén jìn xíng yǒu xiào de shā shāng shǒu qiāng de shǐ yòng fāng fǎ shì dān
敌人进行有效的杀伤。手枪的使用方法是单
shǒu wò chí rán hòu miáo zhǔn shè jī huò gēn jù zì jǐ de běn néng jìn
手握持，然后瞄准射击或根据自己的本能进
xíng shè jī xiàn dài shǒu qiāng zhǔ yào bāo kuò zuǒ lún shǒu qiāng bàn zì
行射击。现代手枪主要包括左轮手枪、半自
dòng shǒu qiāng hé quán zì dòng shǒu qiāng sān zhǒng lèi xíng jù yǒu biàn huàn
动手枪和全自动手枪三种类型，具有变换

▼手枪使用专用的手枪弹药。

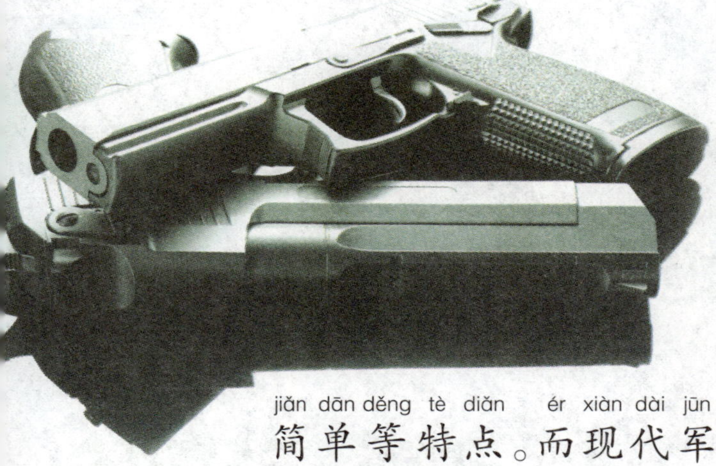

bǎo xiǎn qiāng dàn
保险、枪弹
shàng táng huàn dàn
上膛、换弹
fāng biàn jié gòu
方便、结构
jǐn còu shǐ yòng
紧凑、使用
jiǎn dān děng tè diǎn ér xiàn dài jūn yòng shǒu qiāng zhǔ yào
简单等特点。而现代军用手枪主要
fēn wéi zì wèi shǒu qiāng hé chōng fēng shǒu qiāng liǎng zhǒng zì wèi shǒu qiāng
分为自卫手枪和冲锋手枪两种。自卫手枪
de shè chéng wéi mǐ zǐ dàn róng liàng wéi fā fā shè fāng
的射程为50米，子弹容量为8~15发，发射方
shì wéi dān fā chōng fēng shǒu qiāng
式为单发；冲锋手枪
pèi yǒu fēn lí shì qiāng tuō zǐ dàn
配有分离式枪托，子弹
róng liàng wéi fā yǒu xiào
容量为10~20发，有效
shè chéng kě dá mǐ
射程可达100~150米。

妙问趣答

现代手枪的特点有哪些？

答：变换保险、枪弹上膛、换弹方便、结构紧凑、使用简单等。

科普课堂

以色列“沙漠之鹰”手枪在世界范围内都具有很高的知名度和威望。它具有非常强悍的攻击力量。但是，由于该枪过于追求攻击能力，使它有了外形大、重量大、后坐力大和难于操控等缺点。

bù qiāng
步枪

bù qiāng shì yì zhǒng dān bīng
步枪是一种单兵
jiān shè shì de cháng guǎn qiāng xiè
肩射式的长管枪械，
shì bù bīng dān rén shǐ yòng de jī
是步兵单人使用的基
běn wǔ qì bù qiāng àn zì dòng
本武器。步枪按自动
huà chéng dù fēn wéi fēi zì dòng bàn zì dòng hé quán zì dòng sān zhǒng
化程度分为非自动、半自动和全自动三种
lèi xíng àn yòng tú kě fēn wéi pǔ tōng bù qiāng kǎ bīn qiāng tū jī
类型；按用途可分为普通步枪、卡宾枪、突击
bù qiāng hé jū jī bù qiāng bù
步枪和狙击步枪。步
qiāng de zhǔ yào zuò yòng shì lì
枪的主要作用是利
yòng huǒ lì qiāng cì hé qiāng tuō
用火力、枪刺和枪托
lái duì mù biāo jìn xíng gōng jī
来对目标进行攻击，

妙问趣答

下列选项中对步枪的描述不正确的是：

A 步枪可以用火力、枪刺和枪托来攻击目标

B 狙击步枪不属于步枪

C 步枪的射程在 400 米左右

答案：B

▼AK-74 是苏联装备的第一种小口径突击步枪。

rén men kě yǐ gēn jù
人们可以根据
bù tóng de zhàn shù shǐ
不同的战术使
yòng xiāng yìng de bù qiāng jìn
用相应的步枪进
xíng zuò zhàn bù qiāng de yǒu xiào shè chéng tōng cháng wéi mǐ zuǒ
行作战。步枪的有效射程通常为400米左
yòu yǒu de bù qiāng hái kě yǐ fā shè qiāng liú dàn jù yǒu diǎn miàn shā
右，有的步枪还可以发射枪榴弹，具有点面杀
shāng hé fǎn zhuāng jiǎ de néng lì zài jìn zhàn guò chéng
伤和反装甲的能力。在近战过程
zhōng bù qiāng duì zhàn dòu de
中，步枪对战斗的
zuì hòu jiē duàn qǐ zhe zhòng
最后阶段起着重
yào de zuò yòng
要的作用。

▲L85A1步枪没有枪托，机匣可兼做枪托。

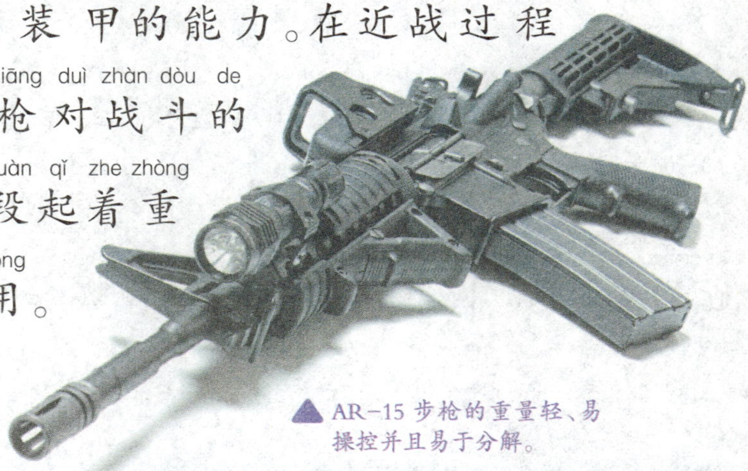

▲AR-15步枪的重量轻、易操控并且易于分解。

知识卡片

自动步枪是指能够自动进弹、连续击发，具有全自动射击能力的步枪。非自动步枪是指只能单发、且装弹和退壳都需要手工操作的步枪。

xún háng dǎo dàn
巡航导弹

xún háng dǎo dàn yòu chēng wéi fēi háng shì dǎo dàn tā de
巡航导弹，又称为“飞航式导弹”，它的
chū xiàn gǎi biàn le cháng guī zhàn zhēng zhōng de kōng jiān guān niàn shēn kè
出现改变了常规战争中的空间观念，深刻
de yǐng xiǎng le xiàn dài zhàn zhēng de fā zhǎn qū shì hé fā zhǎn jìn
地影响了现代战争的发展趋势和发展进
chéng xún háng dǎo dàn zài huǒ jiàn zhù tuī qì de jiā sù xià shǐ zhǔ
程。巡航导弹在火箭助推器的加速下，使主

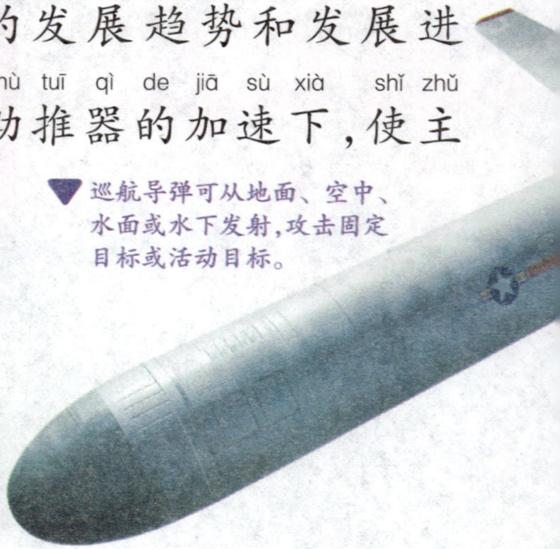

▼巡航导弹可从地面、空中、水面或水下发射，攻击固定目标或活动目标。

妙问趣答

请说出巡航导弹的飞行原理。

答：巡航导弹在火箭助推器的加速下，使主发动机的推力与阻力平衡，弹翼的升力与重力也达到平衡，以近于恒速、等高状态在大气层中飞行。

大开眼界

巡航导弹是凭借喷气发动机的推力和弹翼的气动升力飞行的，它的飞行弹道分为起飞爬升段、巡航段和俯冲段三个部分。

fā dòng jī de tuī lì yǔ zǔ lì
发动机的推力与阻力
píng héng dàn yì de shēng lì yǔ
平衡，弹翼的升力与
zhòng lì dá dào píng héng yǐ jìn yú héng sù děng gāo fēi xíng de zhuàng
重力达到平衡，以近于恒速、等高飞行的状

tài zài dà qì céng nèi fēi xíng zài
态在大气层内飞行。在
zhè zhǒng zhuàng tài xià xún háng dǎo
这种状态下，巡航导
dàn de dān wèi háng chéng hào yóu liàng shì zuì shǎo
弹的单位航程耗油量是最少
de xún háng dǎo dàn zhǔ yào yǒu tǐ jī xiǎo
的。巡航导弹主要有体积小、
zhòng liàng qīng dàn yì kě zhé dié jī dòng xìng
重量轻、弹翼可折叠、机动性
hé shēng cún néng lì qiáng děng tè diǎn tā kě
和生存能力强等特点，它可
yǐ zài rèn hé jī dòng píng tái shang fā shè
以在任何机动平台上发射。

zhǔ zhàn tǎn kè
主战坦克

cóng èr shí shì jì liù shí
从二十世纪六十
nián dài kāi shǐ shì jiè gè guó jiāng
年代开始，世界各国将
yuán lái de qīng zhōng
原来的轻、中、
zhòng xíng tǎn kè jìn xíng
重型坦克进行
le chóng xīn fēn lèi wǒ men bǎ zhōng zhòng xíng tǎn kè
了重新分类。我们把中、重型坦克
zhōng de xīn xíng zhàn dòu tǎn kè jiào zuò zhǔ zhàn tǎn
中的新型战斗坦克叫作“主战坦
kè zhǔ zhàn tǎn kè zhǔ yào yǐ niǎn yā de
克”。主战坦克主要以碾压的
fāng shì cuī huǐ fǎn tǎn kè wǔ qì yě zhàn
方式摧毁反坦克武器、野战
gōng shì hé jiān miè
工事和歼灭
dí jūn de yǒu
敌军的有

妙问趣答

下列选项中与主战坦克无关的是：

A 旧型战斗坦克

B 装有火炮

C 能够碾压摧毁反坦克武器、野战工事和歼灭敌军的有生力量

答案：A

T-80是由苏联研制的主战坦克。

shēng lì liàng yǔ dí fāng de tǎn kè hé zhuāng jiǎ chē jìn xíng duì zhàn
生力量，与敌方的坦克和装甲车进行对战。

zhǔ zhàn tǎn kè shǔ yú lǚ dài shì zhuāng jiǎ zhàn dòu chē liàng qí nèi bù
主战坦克属于履带式装甲战斗车辆，其内部

zhuāng yǒu wēi lì jí qiáng de huǒ pào bìng qiě jù bèi le gāo dù yuè yě
装有威力极强的火炮，并且具备了高度越野

jī dòng xìng hé zhuāng jiǎ fáng hù lì mù qián zhǔ zhàn tǎn kè yǐ jīng
机动性和装甲防护力。目前，主战坦克已经

fā zhǎn dào dì sān dài qí zuò zhàn néng lì hé shā shāng lì yě zài bú
发展到第三代，其作战能力和杀伤力也在不

duàn tí gāo
断提高。

主战坦克一般全重为40～60吨。

科普课堂

著名的“百人队长”主战坦克于第二次世界大战时制造出来，火炮口径为76.2毫米。车体为焊接结构，两块横隔板将车体分成前中后三部分，坦克的前部左侧是储存舱，内装弹药和器材箱，右为驾驶舱。

zhàn dòu jī
战斗机

战斗机分为制空和截击两种主力机型。

zhàn dòu jī shì shì jiè gè
战斗机是世界各
guó kōng jūn bù duì de zhǔ yào zǔ
国空军部队的主要组
chéng bù fen zhī yī qí tè diǎn
成部分之一，其特点
shì huǒ lì qiáng sù dù kuài jī
是火力强、速度快、机
dòng xìng hǎo shì kōng zhōng zuò zhàn
动性好，是空中作战
shí yòng yú gōng jī dí fāng fēi jī de zhòng yào lì liàng zhàn dòu jī zhǔ
时用于攻击敌方飞机的重要力量。战斗机主
yào yòng yú xiāo miè hé gōng jī kōng zhōng dí jī hé qí tā fēi háng shì
要用于消灭和攻击空中敌机和其他飞航式
kōng xí bīng qì duó qǔ zhì kōng quán yīn cǐ yòu bèi chēng wéi jiān
空袭兵器，夺取制空权。因此又被称为“歼

战斗机一般为单座，为扩大驾驶员视野，采用水泡形座舱。

妙问趣答

战斗机的主要功能是什么？

答：战斗机主要用于消灭和攻击空中敌机，以及其他飞航式空袭兵器，进而夺取制空权。

击机”。现代战斗机配备各种搜索、瞄准及火控设备等，还装有航空机关炮，以及多枚雷达制导的拦射导弹和红外跟踪的格斗导弹，能全天候攻击空中目标。为了适应现代战场的需要，世界各国都在对现有的战斗机进行不断改进，力求完美。

知识卡片

F-22 猛禽战斗机已经成为 21 世纪初期美军的主力重型战斗机，也是世界上唯一一种投入生产的第四代超音速战斗机。它汇聚了美国航空工业的最高技术，并且在美军的多次电子模拟对抗中表现出了非凡的实力。

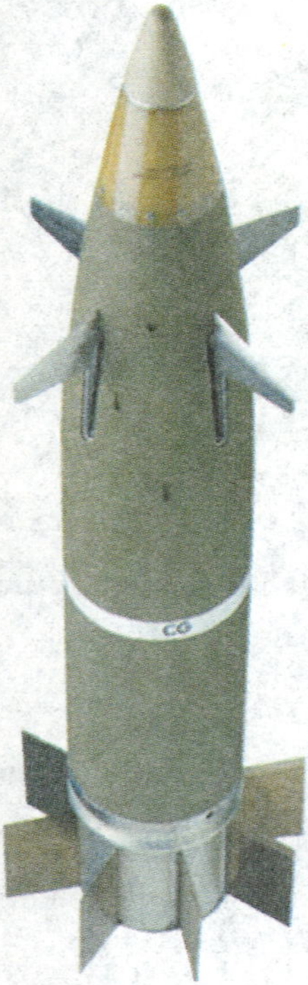

生化武器

生化武器主要是指以细菌、病毒、毒素等物质材料制成的，能够使人、动物、植物致病或死亡的武器，包括生物武器和化学武器。生物武器是生物战剂及其施放装置的总称，生物战剂起到杀伤破坏的作用；释放装置包括炮弹、航空炸弹、导弹弹头和航空布撒器、喷雾器等。化学武器是指以化学毒

妙问趣答

下列选项中对生化武器描述正确的一项是：

A 生物武器主要包括化学炮弹、导弹和化学地雷等类型

B 化学武器通过传播致命微生物来达到攻击敌军的以目的

C 化学武器主要以气态、液态和烟雾等形式存在

答案：C

剂危害人体，引发中毒，从而杀伤、疲惫敌方有生力量及迟滞敌方行动的武器，主要以气态、液态和烟雾等形式存在。包括化学炮弹、导弹和化学地雷、飞机布撒器、毒烟施放器。

大开眼界

生物武器中最著名的就是炭疽杆菌武器，炭疽杆菌具有生命力很强的孢子结构，一旦进入肺部便会大量繁殖产生致命毒素。

▲地雷多以石、陶、铁制成。

dì léi
地雷

dì léi zuì zǎo fā yuán yú zhōng guó shì yì zhǒng zào jià dī
地雷最早发源于中国，是一种造价低
lián jīng jì shí yòng shā shāng lì dà de fáng yù xìng wǔ qì zài jìn
廉、经济实用、杀伤力大的防御性武器。在近
dài hé xiàn dài zhàn zhēng zhōng dōu chū xiàn le dì léi de shēn yǐng dì léi
代和现代战争中都出现了地雷的身影。地雷
yǔ dǎo dàn qiāng xiè bù tóng shì mái rù dì biǎo huò bù shè yú dì miàn
与导弹、枪械不同，是埋入地表或布设于地面
de bào zhà xìng wǔ qì dí jūn zài cǎi dào dì léi bìng tái jiǎo de yí shùn
的爆炸性武器，敌军在踩到地雷并抬脚的一瞬
jiān jiù huì yǐn qǐ dì léi bào zhà dì léi de shǐ yòng céng jīng zài wǒ guó
间就会引起地雷爆炸。地雷的使用曾经在我国

▼地雷一般是人工埋设的，但是也有机械化布雷装置。

妙问趣答

地雷是如何打击敌军的？

答：地雷是被埋入地表或布设于地面，敌军在踩到地雷并抬脚的那一刻便会引起爆炸。

de kàng rì zhàn zhēng shí qī bù rù
的抗日战争时期步入
le yí gè gāo fēng dì léi zhèn shì
了一个高峰。地雷阵是
shǐ yòng dì léi de fāng shì zhī yī
使用地雷的方式之一，
rén men jiāng dì léi chéng qún pái
人们将地雷成群排
bù yǐ fáng dí rén chuān yuè tè dìng qū yù huò zhě tuō yán duì zhàn shí
布，以防敌人穿越特定区域，或者拖延对战时
jiān děng dài zēng yuán děng děng
间等待增援等等。
mù qián dì léi de shǐ yòng yǐ
目前，地雷的使用已
jīng bèi guó jì yǒu guān bù mén
经被国际有关部门
jìn zhǐ le
禁止了。

地雷的形状一般为扁圆柱形。

科普课堂

1903年俄国发明的防步兵地雷是最早的制式化生产的地雷。另外还有德国人在1918年、1938年前后发明的防坦克地雷和防步兵跳雷。

mǎ líng zhī zhàn
马陵之战

mǎ líng zhī zhàn shì zhōng guó zhàn zhēng shǐ shang shè fú jiān dí de
马陵之战是中国战争史上设伏歼敌的
zhù míng zhàn yì zhī yī cǐ zhàn yì chōng fèn yùn yòng le sūn zǐ bīng
著名战役之一，此战役充分运用了《孙子兵
fǎ hé sūn bìn bīng fǎ qí chuán bō fàn wéi zhī guǎng yǐng xiǎng zhī
法》和《孙膑兵法》，其传播范围之广，影响之
dà duì xīn shí qī zhèng zhì jīng jì wén
大，对新时期政治、经济、文
huà dōu yǒu zhe zhòng yào de jiè jiàn yì yì
化都有着重要的借鉴意义。
wèi guó yú gōng yuán qián nián gōng dǎ hán
魏国于公元前341年攻打韩
guó hán guó xiàng qí guó qǐng qiú jiù yuán
国，韩国向齐国请求救援。
qí wēi wáng yǐ tián jì wéi zhǔ jiàng tián
齐威王以田忌为主将，田
yīng tián pàn wéi fù jiàng sūn bìn wéi jūn shī
婴、田盼为副将，孙膑为军师

马陵古道是马陵之战的战场遗址。

妙问趣答

说说马陵之战中孙膑所使用的计策都有哪些。

答："以弱示敌"和"诱敌深入"等计策。

shuài bīng yuán zhù hán guó qí jūn jiàng
率兵援助韩国。齐军将
lǐng shuài jūn gōng dǎ wèi guó dū chéng
领率军攻打魏国都城
dà liáng pò shǐ wèi jūn huí guó jiù
大梁，迫使魏军回国救
yuán qí wèi liǎng jūn jiāo zhàn guò chéng zhōng sūn bìn cǎi yòng shì dí yǐ
援。齐魏两军交战过程中，孙膑采用示敌以
ruò de fāng shì zhǔ dòng jiǎn shǎo qí jūn zào hén de shù liàng yòu dí shēn
弱的方式，主动减少齐军灶痕的数量，诱敌深
rù bìng zài mǎ líng shè fú yì jǔ jiān miè le wèi jūn
入，并在马陵设伏，一举歼灭了魏军。

知识卡片

马陵之战后，齐国的威望和实力迅速提升，最终称霸东方。而魏国在战后受到重创，军事实力被大大削弱，后又被秦国趁虚而入，从此丧失了与齐、秦两国争霸的能力。

▲长勺之战中鲁国的将领是著名的军事理论家曹刿。

cháng sháo zhī zhàn
长勺之战

cháng sháo zhī zhàn shì chūn qiū shǐ
长勺之战是春秋史
nǎi zhì zhōng guó lì shǐ shang yǐ shǎo shèng
乃至中国历史上以少胜
duō de jīng diǎn zhàn yì zhī yī tā zài
多的经典战役之一。它在
zhèng lüè zhàn lüè hé cè lüè shang tǐ xiàn le gǔ dài de jīng diǎn jūn shì
政略、战略和策略上体现了古代的经典军事
biàn zhèng fǎ sī xiǎng gěi rén men yǐ
辩证法思想，给人们以
yǒu yì de qǐ dí cǐ cì zhàn yì
有益的启迪。此次战役
zài shǐ jì hé zuǒ zhuàn zhōng
在《史记》和《左传》中
jūn yǒu xiáng xì jì zǎi gōng yuán
均有详细记载。公元
qián nián qí huán gōng
前684年，齐桓公
pài bīng gōng dǎ lǔ guó dāng
派兵攻打鲁国，当

▼位于今苗山镇杓山南的长勺之战遗址。

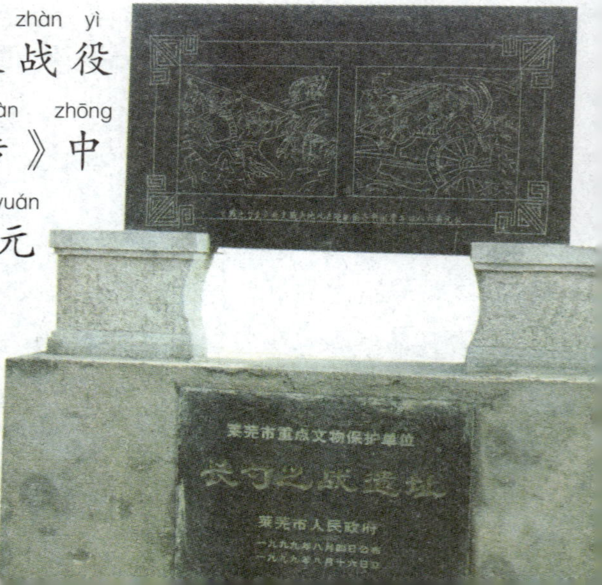

妙问趣答

下列成语中与长勺之战无关的一项是：

A 一鼓作气

B 诱敌深入

C 以少胜多

答案：B

shí de lǔ guó shí lì hé jūn lì dōu
时的鲁国实力和军力都
bù rú qí guó hòu lái liǎng jūn
不如齐国。后来，两军
zài cháng sháo xiàn shān dōng lái wú
在长勺（现山东莱芜
dōng běi bù jiāo zhàn lǔ jūn xuǎn
东北部）交战，鲁军选
zé àn bīng bú dòng ér qí jūn zài fā dòng sān cì jìn gōng wèi guǒ hòu shì
择按兵不动，而齐军在发动三次进攻未果后士
qì kāi shǐ dī luò cǐ shí lǔ jūn yì gǔ
气开始低落。此时，鲁军一鼓
zuò qì dǎ bài le qí jūn bìng qiě
作气打败了齐军，并且
chéng shèng zhuī jī zuì
乘胜追击，最
zhōng huò dé le cháng sháo
终获得了长勺
zhī zhàn de shèng lì
之战的胜利。

大开眼界

长勺之战是齐桓公争霸史上少有的一次挫折，也是齐鲁长期斗争中鲁国罕见的一次胜利。同时，它也对齐桓公调整完善自己的战略方针具有一定的影响。

yà lì shān dà dōng zhēng

亚历山大东征

yà lì shān dà dōng zhēng shì zài gōng yuán qián gōng yuán qián
亚力山大东征是在公元前334~公元前
nián mǎ qí dùn guó wáng yà lì shān dà duì dōng fāng bō sī děng guó
324年，马其顿国王亚历山大对东方波斯等国
jiā jìn xíng de lüè duó xìng de zhàn zhēng yà lì shān dà shuài lǐng yuǎn zhēng
家进行的掠夺性的战争。亚历山大率领远征
jūn lián xù zuò zhàn shí nián xíng chéng wàn yú lǐ jìn xíng shàng bǎi cì
军连续作战十年，行程万余里，进行上百次
qiáng dù jiāng hé wéi chéng gōng
强渡江河、围城攻
jiān yǐ jí shān dì píng yuán dì
坚，以及山地、平原地
hé shā mò dì zuò zhàn zuì
和沙漠地作战。最
zhōng jiàn lì le xī
终建立了西
qǐ bā ěr gàn bàn
起巴尔干半
dǎo ní luó hé
岛、尼罗河，

“山不走到我这里来，我就到它那里去”是亚历山大大帝的名言。

妙问趣答

下列叙述不正确的一项是：

A 亚历山大东征在一定程度上促进了各国的经济和文化交流

B 亚历山大东征并不会给当地人民带来麻烦

C 亚历山大东征是一场侵略性战争

答案：B

dōng zhì yìn dù hé de páng dà de
东至印度河的庞大的
yà lì shān dà dì guó zuò zhàn
亚历山大帝国。作战
zhōng yà lì shān
中，亚历山
dà zhèng què
大正确
xuǎn zé zhàn lüè fāng xiàng hé lǐ yùn yòng mǎ qí
选择战略方向，合理运用马其
dùn fāng zhèn zhàn shù shàn yú zǔ zhī bù bīng yǔ
顿方阵战术，善于组织步兵与
qí bīng lù jūn yǔ hǎi jūn xié tóng zuò zhàn jūn
骑兵、陆军与海军协同作战，军
shì shǒu duàn hé zhèng zhì shǒu duàn bìng yòng zài shì
事手段和政治手段并用，在世
jiè jūn shì shǐ shang xiě xià le guāng huī de yí yè
界军事史上写下了光辉的一页。

亚历山大在刚满20岁时就继承了王位。

科普课堂

亚历山大是世界军事史上一位空前的军事天才。亚历山大东征给当地人民造成了沉重灾难，但是从客观上也促进了希腊与亚非诸国的经济和文化交流，在历史上也具有深远影响。

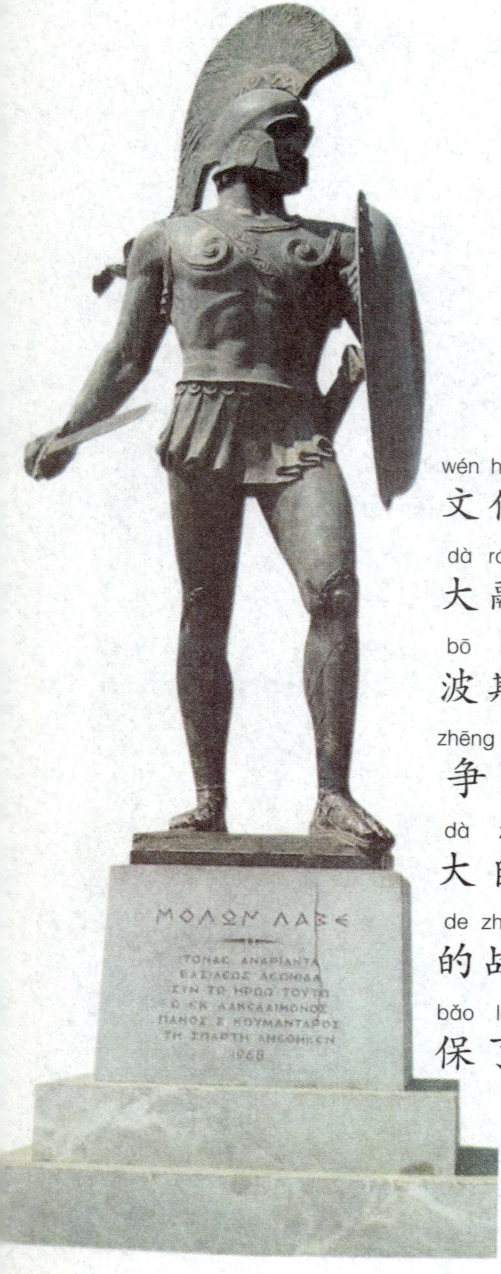

xī bō zhàn zhēng
希波战争

xī bō zhàn zhēng shì rén lèi lì shǐ
希波战争是人类历史
wén huà zhōng de yí cì qián suǒ wèi yǒu de
文化中的一次前所未有的
dà róng hé qí yǐng xiǎng yuǎn yuǎn chāo chū
大融合，其影响远远超出
bō sī xī là de fàn wéi xī bō zhàn
波斯、希腊的范围。希波战
zhēng shì gǔ dài bō sī dì guó wèi le kuò
争是古代波斯帝国为了扩
dà zì jǐ de bǎn tú ér jìn gōng xī là
大自己的版图而进攻希腊
de zhàn zhēng zuì hòu xī là huò shèng què
的战争。最后希腊获胜，确
bǎo le xī là zhū chéng de dú lì jí ān
保了希腊诸城的独立及安
quán shǐ de xī là jì xù chēng bà
全，使得希腊继续称霸
dì zhōng hǎi shù bǎi nián ér bō sī
地中海数百年。而波斯

在这场战役中战败，使其对外扩张的气焰受挫，并逐渐走向衰落，最终被马其顿的亚历山大大帝所灭。公元前449年，希腊军队在塞浦路斯岛彻底打败了波斯军队，最终以双方订立合约结束了持续近半个世纪的希波战争。

妙问趣答

对希波战争的说法正确的是：（多选）

A 希波战争是人类历史文化的大融合

B 希波战争最终以希腊的胜利而告终

C 希波战争是由希腊发起的

答案：AB

知识卡片

在希波战争中，斯巴达300名勇士誓死保卫希腊第一道防线温泉关，与前来进攻的波斯军队尽力厮杀，最终全军覆没，但他们英勇抗敌的形象一直留在人们心中。

dì yī cì shì jiè dà zhàn

第一次世界大战

▲一战中，大约有6 500万人参战，1 000万人丧生。

dì yī cì shì jiè dà zhàn bào fā yú
第一次世界大战爆发于
nián shì tóng méng guó hé xié yuē guó
1914年，是同盟国和协约国
liǎng dà dì guó zhǔ yì jí tuán wèi guā fēn shì jiè zhēng duó zhí mín dì hé
两大帝国主义集团为瓜分世界、争夺殖民地和
shì jiè bà quán ér jìn xíng de yì cháng shì jiè guī mó de zhàn zhēng zhè
世界霸权而进行的一场世界规模的战争。这
cháng zhàn zhēng de fàn wéi jí dà bō jí le yà ōu fēi sān gè dà
场战争的范围极大，波及了亚、欧、非三个大
zhōu yǐ jí tài píng yáng dà xī yáng hé dì zhōng hǎi děng dì qū
洲，以及太平洋、大西洋和地中海等地区。1917

▼第一次世界大战时期的轰炸机。

妙问趣答

第一次世界大战中与事实不符的一项是：

A 俄国是战败国

B 第一次世界大战爆发于1914年，结束于1918年

C 第一次世界大战影响范围极大

答案：A

年，俄国爆发了十月革命，新政府于1918年退出了战争。1918年9月，协约国开始进行全面进攻。9月底，德国请求结束战争。1918年9月29日，保加利亚宣布投降，土耳其、奥匈帝国也陆续投降。1918年11月11日，德国代表签署了停战协定，长达四年的世界大战宣告结束。

大开眼界

在第一次世界大战中，德国、奥匈帝国、土耳其、保加利亚属于同盟国阵营；英国、法国、俄国和意大利属于协约国阵营。

第二次世界大战

▲二战同盟国阵营包括波兰、英国、澳大利亚、法国、新西兰、中国等。

1929~1933年爆发的世界性经济危机波及到了整个资本主义社会，间接地使各国之间的矛盾日益尖锐起来。德国、意大利、日本鼓吹专制独裁并开始迅速膨胀起来，形成了轴心国。

▼二战推动了各国武器的发展。

1939年9月，德国攻打波兰，英国和法国对德国宣战，第二次世界大战就

cǐ quán miàn bào fā cān zhàn de guó
此全面爆发。参战的国
jiā xíng chéng le yǐ tuī xíng qīn lüè kuò
家形成了以推行侵略扩
zhāng zhèng cè wéi mù dì de zhóu xīn
张政策为目的的轴心
guó hé yǐ fǎn fǎ xī sī zhǔ yì wéi
国和以反法西斯主义为
zōng zhǐ de tóng méng guó zhè cháng zhàn zhēng zào chéng le
宗旨的同盟国。这场战争造成了
yuē wàn rén sǐ wáng jīng jì sǔn shī bú jì
约5 000万人死亡，经济损失不计
qí shù shì rén lèi lì shǐ shang de zāi nán
其数，是人类历史上的灾难。

妙问趣答

第二次世界大战的同盟国不包括：

A 法国
B 德国
C 波兰

答案：B

科普课堂

第二次世界大战中的亚洲战场，主要以中日战争为主。日寇在中国实行“烧光、杀光、抢光”政策，给中国人民带来了沉重灾难。

sūn wǔ
孙武

sūn wǔ (yuē gōng yuán qián nián gōng yuán qián nián)
孙武（约公元前545年～公元前470年），
zì cháng qīng qí guó lè ān rén sūn wǔ chū shēng yú jūn shì shì jiā
字长卿，齐国乐安人。孙武出生于军事世家，
cóng xiǎo jiù bèi jiā zhōng de jūn shì fēn wéi suǒ gǎn rǎn qīng shǎo nián shí
从小就被家中的军事氛围所感染，青少年时
qī jiù zhù zhòng xué xí
期就注重学习
jūn shì zhī shi bìng qiě
军事知识，并且
shàn yú jī jiàn hòu lái
善于击剑，后来
hái zì chuàng le hěn
还自创了很
duō quán fǎ sūn wǔ
多拳法。孙武
shì chūn qiū shí qī zhù
是春秋时期著

▼孙武曾受到吴王阖闾的赏识，并将吴国的内政和军事治理得井井有条。

míng de jūn shì jiā hé zhèng zhì jiā bèi rén men zūn chēng wéi bīng
名的军事家和政治家，被人们尊称为“兵

shèng sūn wǔ céng jīng shuài lǐng wú guó jūn duì dà
圣”。孙武曾经率领吴国军队大
bài chǔ guó jūn duì hái zhù yǒu jù zuò sūn zǐ bīng
败楚国军队，还著有巨作《孙子兵
fǎ shí sān piān shì wǒ guó xiàn cún zuì zǎo de bīng
法》十三篇，是我国现存最早的兵
fǎ zhī yī shū zhōng hěn duō jūn shì sī xiǎng guǎng
法之一，书中很多军事思想广
wéi liú chuán bèi hòu shì bīng fǎ jiā yù wéi bīng
为流传，被后世兵法家誉为“兵
xué shèng diǎn
学圣典”。

▲人们在孙武的故里广饶修建了孙武祠以纪念这位伟大的军事家。

妙问趣答

下列选项中对孙武的描述不正确的是：

A 孙武是宋朝人

B 孙武被人们尊为“兵圣”

C 孙武所著的“孙子兵法”中的军事思想至今都广为流传

答案：A

知识卡片

孙武被后人尊为孙子、孙武子、兵圣、百世兵家之师、东方兵学的鼻祖。于公元 1123 年被北宋朝廷追尊为“沪渎侯”。

岳飞与母亲姚氏的雕像。

岳飞

岳飞（1103年~1142年）是南宋时期的抗金名将，字鹏举，是中国历史上著名的军事家、战略家、民族英雄，位列南宋中兴四将之首。岳飞是南宋最杰出的统帅，他重视人民抗金力量，缔造了“连

“岳母刺字”的故事一直在民间广为流传。

jié hé shuò zhī móu yuè fēi zhì
结河朔”之谋。岳飞治
jūn shǎng fá fēn míng jì lǜ yán
军赏罚分明、纪律严
jǐn yòu tǐ xù bù shǔ yǐ shēn
谨，又体恤部属，以身
zuò zé tā shuài lǐng de yuè jiā
作则，他率领的“岳家
jūn hào chēng dòng sǐ bù chāi wū è sǐ bù dǎ lǔ jīn rén yòng
军”号称“冻死不拆屋，饿死不打掳”。金人用
hàn shān yì hàn yuè jiā jūn nán biǎo shì duì yuè jiā jūn de zàn
“撼山易，撼岳家军难”，表示对岳家军的赞
měi yuè fēi hòu lái bèi jiān chén qín huì suǒ xiàn hài yǐ mò xū yǒu
美。岳飞后来被奸臣秦桧所陷害，以“莫须有”
de zuì míng bèi sòng gāo
的罪名被宋高
zōng cì sǐ shǐ chēng
宗赐死，史称
qiān gǔ qí yuān
“千古奇冤”。

妙问趣答

以下对岳飞的评价正确的有（多选）：

A 岳飞率领的岳家军号称“冻死不拆屋，饿死不打掳”

B 岳飞后来被奸臣秦桧所害，以“莫须有”的罪名被宋高宗赐死

C 岳飞在书法方面也有一定的造诣

答案：ABC

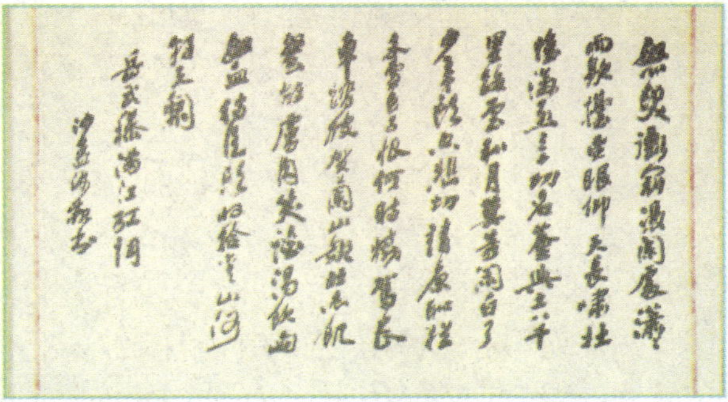

岳飞词作——《满江红·怒发冲冠》。

大开眼界

岳飞虽然是武将，但是他自幼勤奋好学，文武双全。他的书法以行书、草书为主，畅快淋漓，意态精密，颇具文臣气质。岳飞传世的书迹有《前后出师表》《还我河山》等。

kǎi sà dà dì
凯撒大帝

kǎi sà shì luó mǎ gòng hé guó shí
凯撒是罗马共和国时
qī zhù míng de jūn shì tǒng shuài hé zhèng zhì
期著名的军事统帅和政治
lǐng xiù tā yě shì luó mǎ dì guó de diàn
领袖，他也是罗马帝国的奠
jī zhě kǎi sà yì shēng gōng láo jù dà
基者。凯撒一生功劳巨大，
yǐ zhì yú tā de míng zi chéng le hòu lái
以至于他的名字成了后来
ōu zhōu huáng dì de zhuān yòng tóu xián kǎi
欧洲皇帝的专用头衔。凯
sà zài luó mǎ zuì wéi hùn luàn pí ruò
撒在罗马最为混乱疲弱
de shí hou chū xiàn zài luó mǎ
的时候出现在罗马
de zhèng zhì wǔ tái shang kǎi
的政治舞台上。凯

◀凯撒大帝的全名是：盖乌斯·尤利乌斯·凯撒。

sà gāng gāng bù rù zhèng tán bù jiǔ jiù rèn
撒刚刚步入政坛不久就认
shi dào luó mǎ de gòng hé zhèng tǐ yǐ jīng
识到罗马的共和政体已经
bù néng zhěng jiù luó mǎ de tuí shì le tā
不能拯救罗马的颓势了，他
zhǎo dào le páng péi hé kè lā sū jié chéng le
找到了庞培和克拉苏结成了
sān tóu tóng méng hòu lái tā kāi shǐ sì chù zhēng zhàn qǔ dé le hè hè
“三头同盟”。后来他开始四处征战，取得了赫赫
zhàn gōng kǎi sà zài luó mǎ nèi zhàn shí qǔ dé le shèng lì jiàn lì le tā
战功。凯撒在罗马内战时取得了胜利，建立了他
de jūn shì dú cái tǒng zhì
的军事独裁统治。

妙问趣答

对于凯撒大帝的说法正确的是：

A 凯撒是罗马帝国的皇帝

B 凯撒的政治主张十分强硬

C 凯撒当政时，罗马十分繁荣强大

答案：B

科普课堂

凯撒强硬的独裁统治引起了一部分反对者的不安，公元前 44 年，一群反对者将凯撒骗到元老院并将其杀害，凯撒因此结束了光辉的一生。

kǎi sà cóng xiǎo zài péi yǎng guì
凯撒从小在培养贵
zú zǐ dì de xué xiào xué xí tā
族子弟的学校学习，他
fēi cháng xǐ huan gǔ xī là wén huà
非常喜欢古希腊文化，
yóu qí shì xī là de gǔ
尤其是希腊的古
diǎn wén xué chú le xǐ
典文学。除了喜
huan wén xué wài kǎi sà hái rè ài
欢文学外，凯撒还热爱
tǐ yù yùn dòng jīng tōng qí mǎ hé
体育运动，精通骑马和
jiàn shù děng
剑术等。

体育纵横

jǐn biāo sài

锦标赛

jǐn biāo yì cí yuán zhǐ jǐn zhì de biāo qí hòu lái fàn zhǐ
“锦标”一词原指锦制的标旗，后来泛指
shòu yǔ jìng sài yōu shèng zhě de jiǎng pǐn yīn cǐ jǐn biāo sài jiù shì zhǐ
授予竞赛优胜者的奖品。因此，锦标赛就是指
bù tóng dì qū huò jìng sài dà zǔ de yōu shèng zhě zhī jiān jìn xíng de yí
不同地区或竞赛大组的优胜者之间进行的一
xì liè jué sài jǐn biāo sài yòu jiào zuò dān xiàng jǐn biāo sài huò guàn
系列决赛。锦标赛又叫作“单项锦标赛”或“冠
jūn sài tōng cháng qíng kuàng xià shì
军赛”，通常情况下是
dān xiàng jìn xíng de zhǐ yǒu pái míng
单项进行的，只有排名
zài yí dìng shuǐ píng shang de rén cái
在一定水平上的人才
kě yǐ cān jiā jīng guò bǐ sài hòu
可以参加，经过比赛后

妙问趣答

锦标赛的含义是什么？

答：不同地区或竞赛大组的优胜者之间进行的一系列决赛。

世界游泳锦标赛是由国际泳联总会主办的最高级别的国际性游泳赛事。

què dìng gè rén huò tuán tǐ guàn jūn jǐn biāo sài yóu gè gè yùn dòng xiàng
确定个人或团体冠军。锦标赛由各个运动项
mù de zǔ zhī dìng qī jǔ xíng zhǔ yào mù dì shì jiǎn chá mǒu yí yùn dòng
目的组织定期举行。主要目的是检查某一运动
xiàng mù de kāi zhǎn qíng kuàng jiāo liú hé zǒng jié xùn liàn jiào xué jīng
项目的开展情况，交流和总结训练、教学经
yàn yǐ dá dào xiāng hù cù jìn
验，以达到相互促进
tí gāo de mù dì
提高的目的。

世界乒乓球锦标赛每两年举行一次。

大开眼界

世界乒乓球锦标赛始于 1926 年 12 月，是国际乒乓球联合会主办的一项最高水平的世界乒乓球大赛，它象征着乒乓球运动的最高荣誉。

dà jiǎng sài

大奖赛

bù tóng tǐ yù yùn dòng de dà jiǎng sài dōu yǒu bù tóng de guī
不同体育运动的大奖赛都有不同的规
zé lì rú dà jiǎng sài hé sī nuò kè dà jiǎng sài dà jiǎng
则。例如：A1大奖赛和斯诺克大奖赛。A1大奖
sài shì shǒu cì yǐ guó jiā wéi cān sài dān wèi de sài chē yùn dòng bèi yù
赛是首次以国家为参赛单位的赛车运动，被誉
wéi sài chē yùn dòng de shì jiè bēi chéng jì zhǔ yào jué dìng yú chē
为“赛车运动的世界杯”。成绩主要决定于车
shǒu de jià shǐ jì shù hé yǒng
手的驾驶技术和勇
qì chē duì hé chē shǒu xū
气，车队和车手需
yào mì qiè pèi hé cái néng fā
要密切配合才能发
huī chū zhěng tǐ yōu shì huò
挥出整体优势，获
dé shèng lì shí zhōng diǎn chù
得胜利时，终点处

▼澳大利亚、法国、温布尔登和美国网球大奖赛是世界上著名的网球比赛。

会挥舞着该国国旗而非传统格子旗。斯诺克大奖赛是一项职业斯诺克赛事，是斯诺克排名赛之一。这项比赛从1928年开始举办，1984年更名为大奖赛。2010年更名为世界公开赛。我国职业斯诺克选手丁俊晖在2009年的斯诺克大奖赛中取得了优异的成绩。

妙问趣答

下列说法错误的是：

A A1 大奖赛是以国家为参赛单位的赛车运动

B 斯诺克大奖赛在 2009 年开始举办

C A1 大奖赛被誉为“赛车运动的世界杯”

答案：B

科普课堂

大奖赛的优胜者会获得一定数目的奖金或特别的奖品，这也是其得名的原因。

篮球甲级联赛采用的是双循环赛制。

xún huán sài
循环赛

xún huán sài yě jiào zuò "xún huán zhì", shì àn zhào yí dìng fāng shì zǔ hé, shǐ cān jiā zhě lún liú bǐ sài de ān pái fāng fǎ. měi chǎng jì fēn, zuì hòu tǒng jì quán bù bǐ sài jī fēn què dìng míng cì. zhè zhǒng jìng sài fāng fǎ bǐ jiào hé lǐ、kè guān hé gōng píng, yǒu lì yú gè duì zhī jiān hù xiāng xué xí hé jiāo liú jīng yàn. xún huán sài kě fēn wéi dān xún huán、

循环赛也叫作“循环制”，是按照一定方式组合，使参加者轮流比赛的安排方法。每场计分，最后统计全部比赛积分确定名次。这种竞赛方法比较合理、客观和公平，有利于各队之间互相学习和交流经验。循环赛可分为单循环、

分组循环适用于有较多队伍参加的比赛，可在短期内较合理地完成竞赛任务。

为避免循环赛运行时出现的麻烦，可选用排位赛制度进行比赛。

双循环、有限轮次积分循环、二或三阶段分组循环等多种组合方式。如此产生的名次能够较为客观地反映技术水平，缺点是十分费时费力。

妙问趣答

循环赛制的组合方法有哪些？

答：单循环、双循环、有限轮次积分循环、二或三阶段分组循环等组合方式。

知识卡片

循环赛制中的分组循环也存在不足之处，由于参赛队伍的实力不同，一旦分布不均匀，就会造成强队前期被削减，弱队名次相对靠前的局面。

tiào gāo
跳高

▲运动员在跳过一个高度后还会挑战新的高度，直到跳不过去为止。

tiào gāo shì tián jìng
跳高是田径
yùn dòng de tiào yuè xiàng mù
运动的跳跃项目
zhī yī yòu chēng jí xíng
之一，又称“急行
tiào gāo tōng guò yǒu jié
跳高”，通过有节
zòu de zhù pǎo dān jiǎo qǐ tiào téng kōng guò gān yǔ luò dì děng dòng zuò
奏的助跑、单脚起跳、腾空过杆与落地等动作
zǔ chéng yǐ yùn dòng yuán zuì hòu chéng gōng de yuè guò héng gān shàng yuán
组成，以运动员最后成功地越过横杆上缘
de gāo dù jì suàn chéng jì bìng yǐ
的高度计算成绩并以
cǐ pàn dìng míng cì tiào gāo shì yùn
此判定名次。跳高是运
dòng yuán zhēng fú gāo dù de yùn dòng
动员征服高度的运动
xiàng mù xiàng zhēng zhe rén lèi bù
项目，象征着人类不

妙问趣答

跳高的过杆技术包括哪几个？

答：跨越式、剪式（亦称东方式）、滚式、俯卧式和背越式等。

屈不挠，勇攀高峰的精神。跳高的过杆技术包括跨越式、剪式（东方式）、滚式、俯卧式和背越式等。跳高运动起源于十九世纪六十年代的英国，是从体操项目中派生出来的。男子跳高于1896年被第一届奥运会列为正式比赛项目之一。

▲“背越式”跳高对运动员的腿长和柔韧性要求不高，只需要腿部力量大和一定的爆发力就能完成。

大开眼界

背越式跳高采用弧线助跑，距离长，速度快，动作自然。而其他姿势一般采用直线助跑，距离短，速度较慢，身体重心低。

tiào yuǎn

跳远

tiào yuǎn shì zuì gǔ lǎo de jìng jì xiàng mù zhī yī gōng yuán qián
跳远是最古老的竞技项目之一。公元前
nián xiāng dāng yú zhōng guó
708年，相当于中国
de chūn qiū shí dài zǎo qī gǔ
的春秋时代早期，古
xī là ào lín pǐ kè de wǔ xiàng yùn dòng zhōng
希腊奥林匹克的“五项运动”中
jiù yǒu zhè xiàng yùn dòng tiào yuǎn yòu chēng wéi jí
就有这项运动。跳远又称为“急
xíng tiào yuǎn yóu zhù pǎo qǐ tiào téng kōng hé
行跳远”，由助跑、起跳、腾空和
luò dì děng dòng zuò zǔ chéng yùn dòng yuán yán zhí
落地等动作组成。运动员沿直

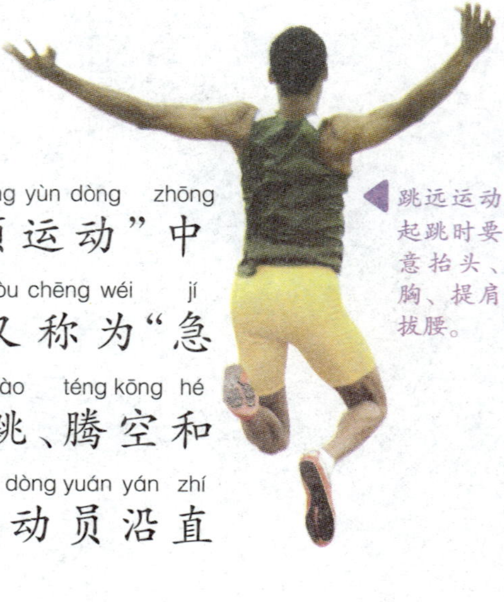

跳远运动在起跳时要注意抬头、挺胸、提肩和拔腰。

妙问趣答

跳远比赛的名次以什么决定？

答：以运动员双脚落入沙坑的痕迹为标准，按跳的远近决定。

xiàn zhù pǎo zài qǐ tiào bǎn qián yán xiàn nèi yǐ dān zú qǐ tiào jīng téng kōng jiē duàn rán hòu shuāng zú zài shā kēng luò dì bǐ sài shí yǐ yùn dòng yuán shuāng jiǎo luò rù shā kēng de hén jì wéi biāo zhǔn àn tiào de yuǎn jìn jué dìng míng cì shì jì mò tiào yuǎn zài nián dì yī cì ào yùn huì shang bèi liè wéi zhèng shì bǐ sài xiàng mù nián dì shí sì jiè ào yùn huì shang yòu zēng jiā le nǚ zǐ bǐ sài xiàng mù

线助跑，在起跳板前沿线内以单足起跳，经腾空阶段，然后双足在沙坑落地。比赛时以运动员双脚落入沙坑的痕迹为标准，按跳的远近决定名次。19世纪末，跳远在1896年第一次奥运会上被列为正式比赛项目，1948年第十四届奥运会上又增加了女子比赛项目。

跳远时双腿在起跳离地的瞬间要有跨步式的腾空动作。

科普课堂

跳远助跑的加速方式有两种：一种是积极加速，另一种是逐渐加速。跳远的腾空动作有蹲踞式、挺身式和走步式三种。

短跑

短跑是人类开展最早的田径运动项目，也是田径运动的基础项目，并且在其他运动项目的训练中也占有重要地位。短跑通常包括：50米跑、60米跑、100米跑、200米跑和

▼短跑是人体运动器官和内脏器官在大量缺氧的情况下完成的大强度的工作。

妙问趣答

下列选项中不属于短跑项目的是：

A 4×100 米接力跑

B 800 米跑

C 100 米跑

答案：B

400米跑，还有4×100米接力跑、4×400米接力跑等。人类历史上第一届古代奥运会上唯一的竞技类项目就是短跑，当时被称作“场地跑”。短跑的定义是：人们同时以最快的速度，在确定的跑道上跑完规定的距离，并以最先跑完者为优胜者的项目；在人体机能供能方面表现为人体以最大限度发挥人的本能，并以无氧代谢供能的方式供能。

知识卡片

短跑的基本技术是起跑。起跑的目的是为了获得向前的冲力，使身体迅速摆脱静止状态，为起跑后的加速创造有利条件。

长跑比赛时，最先碰到终点处的带子的运动员为获胜者。

cháng pǎo

长跑

cháng pǎo de quán chēng shì
长跑的全称是
cháng jù lí pǎo jìn dài cháng pǎo
长距离跑。近代长跑
bǐ sài xiàng mù fā yuán yú yīng guó
比赛项目发源于英国，
shì yì zhǒng mín jiān jié rì biǎo yǎn
是一种民间节日表演。

妙问趣答

下列对长跑的描述正确的是：

A 长跑起源于古代希腊

B 长跑属于有氧运动

C 斐里庇得斯是波斯的民族英雄

答案：B

cháng pǎo shǔ yú yǒu yǎng dài xiè yùn dòng cān yù rén tǐ hū xī xì tǒng
长跑属于有氧代谢运动，参与人体呼吸系统
hé gè dà qì guān de
和各大器官的
xún huán rén zài
循环。人在

长期坚持长跑有利于提高免疫力，加快血液循环，能有效预防心脑血管疾病的发生。

pǎo bù shí duì yǎng qì de xū qiú liàng bú duàn zēng jiā yīn
跑步时对氧气的需求量不断增加，因
cǐ yào gēn jù zì shēn de shēn tǐ zhuàng kuàng jìn xíng
此要根据自身的身体状况进行
bì yào de tiáo zhěng yì bān qíng kuàng xià yǐ sì
必要的调整。一般情况下，以四
bù yì hū xī wéi yí bìng qiě shǐ zhōng bǎo chí zhè yì jié
步一呼吸为宜，并且始终保持这一节
zòu zài hū xī fāng shì shang yǐ bí xī zuǐ hū kǒu bí
奏。在呼吸方式上，以鼻吸嘴呼、口鼻
hùn hé xī wéi zuì jiā nián dì sì jiè xiàn dài ào yùn huì dì
混合吸为最佳。1908年，第四届现代奥运会第
yī cì jiāng cháng pǎo liè rù zhèng shì bǐ sài xiàng mù nián dì èr
一次将长跑列入正式比赛项目。1984年第二
shí sān jiè ào yùn huì shǒu
十三届奥运会首
cì tiān jiā le mǐ
次添加了3 000米
cháng pǎo de bǐ sài
长跑的比赛。

大开眼界

希波战争时期，雅典军在马拉松平原打败波斯军队。为了把胜利的消息告诉雅典人，希腊派遣长跑优胜者斐里庇得斯从马拉松跑至雅典中央广场。在极速完成 36.2 千米的路程并传达胜利的消息后，斐里庇得斯因体力衰竭倒地而亡。人们为了纪念他，设立了马拉松长跑比赛。

足球

足球是全世界最具影响力的单项体育运动，享有“世界第一运动”的美誉。足球是一项用脚控球的球类运动。运动员在比赛中可以采用奔跑、急停、转身、倒地、跳跃、冲撞等比赛规则中允许使用的动作。足球比赛由两个队伍各派10

míng qiú yuán hé míng shǒu mén yuán
名球员和1名守门员，
zài cháng fāng xíng de cǎo dì qiú
在长方形的草地球
chǎng shang jìn xíng duì kàng hé jìn
场上进行对抗和进
gōng qiú yuán jiāng zú qiú shè rù
攻。球员将足球射入
duì fāng de qiú mén nèi biàn dé dào yì fēn zuì zhōng dé fēn zuì duō de
对方的球门内便得到一分，最终得分最多的
wéi huò shèng duì wǔ nián yīng guó rén zài lún dūn chéng lì le
为获胜队伍。1863年，英国人在伦敦成立了
shì jiè shang dì yī gè zú qiú yùn dòng zǔ zhī jí yīng guó zú qiú xié
世界上第一个足球运动组织，即英国足球协
huì bìng tǒng yī le zú qiú
会，并统一了足球
de bǐ sài guī zé
的比赛规则。

妙问趣答

世界上第一个足球运动组织是何时由谁成立的？

答：1863 年由英国人成立的英国足球协会。

▲守门员是队内球门前的最后一道防线，是所有球员中唯一能够用手碰球的球员。

科普课堂

古代中国也有足球运动，名字叫作“蹴鞠”。汉代的蹴鞠是一种用来训练士兵的手段，并且具有较完整的体制。到了唐宋时期蹴鞠便开始流行，甚至出现了按照场上位置分工的踢法。

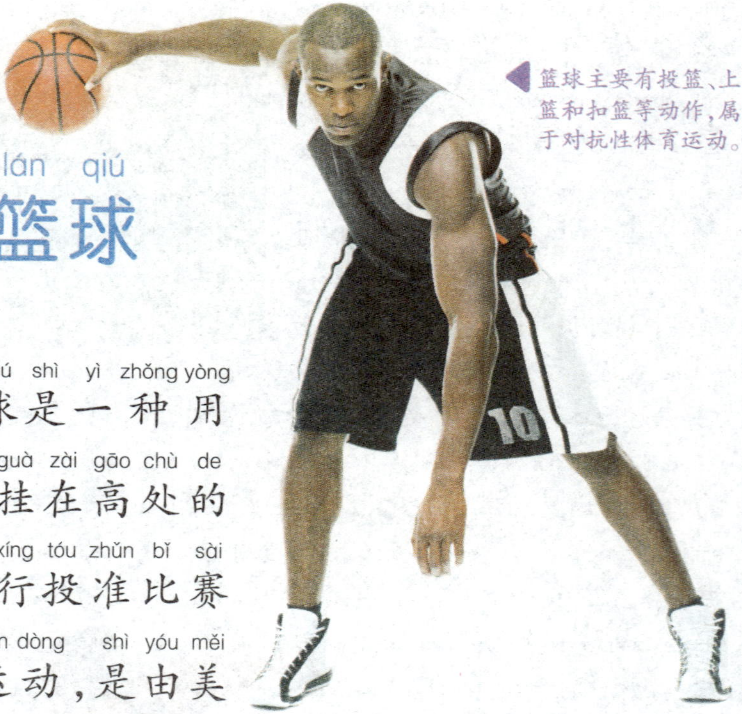

篮球主要有投篮、上篮和扣篮等动作，属于对抗性体育运动。

lán qiú
篮球

lán qiú shì yì zhǒng yòng
篮球是一种用
qiú xiàng xuán guà zài gāo chù de
球向悬挂在高处的
lán kuāng jìn xíng tóu zhǔn bǐ sài
篮筐进行投准比赛
de qiú lèi yùn dòng shì yóu měi
的球类运动，是由美
guó mǎ sà zhū sài zhōu sī pǔ lín fēi ěr dé shì jī dū jiào qīng nián huì
国马萨诸塞州斯普林菲尔德市基督教青年会
xùn liàn xué xiào de tǐ yù jiào shī zhān mǔ shì nài shǐ mì sī yú
训练学校的体育教师詹姆士·奈史密斯于1891
nián fā míng de qǐ chū zhè xiàng yùn
年发明的。起初这项运
dòng shì yòng zhuāng shuǐ guǒ de lán
动是用装水果的篮
kuāng zuò wéi tóu zhì mù biāo de
筐做为投掷目标的，
yīn cǐ bèi jiào zuò lán qiú lán qiú
因此被叫作篮球。篮球

妙问趣答

下列对篮球的描述错误的一项是：

A 篮球运动由詹姆士·奈史密斯发明

B 篮球属于个人竞赛活动

C 篮球起源于美国

答案：B

▲篮球投入篮筐中就会计入相应分数。

shì yí xiàng chōng mǎn huó lì de yùn dòng yě
是一项充满活力的运动，也
shì yí xiàng jì shù hé zhàn shù xiāng jié hé de
是一项技术和战术相结合的
tuán duì jìng sài huó dòng nián měi guó
团队竞赛活动。1908年，美国
zhì dìng le quán guó tǒng yī de lán qiú guī zé
制定了全国统一的篮球规则，
bìng tōng guò
并通过
wén zì chū bǎn de fāng shì xiàng quán
文字出版的方式向全
shì jiè fā xíng lán qiú zhú jiàn chuán biàn měi
世界发行，篮球逐渐传遍美
zhōu ōu zhōu hé yà zhōu chéng wéi le shì
洲、欧洲和亚洲，成为了世
jiè xìng de yùn dòng xiàng mù
界性的运动项目。

▶篮球运动需要参与者具有奔跑迅速、能够突然与连续起跳、反应敏捷等素质。

知识卡片

篮球的最高管理机构是国际篮球联合会(FIBA)。与篮球相关的赛事有:NBA、NCAA篮球赛和CBA。著名的篮球明星有:乔丹、科比、姚明等。

jìng jì yóu yǒng

竞技游泳

jìng jì yóu yǒng shì yí xiàng yǐ yóu jìn sù dù kuài màn jué dìng shèng
竞技游泳是一项以游进速度快慢决定胜
fù de shuǐ shàng tǐ yù yùn dòng xiàng mù tā bāo kuò chū fā tú zhōng
负的水上体育运动项目，它包括出发、途中
yóu zhuǎn shēn hé zhōng diǎn chù bì jì shù
游、转身和终点触壁技术，
fēn wéi zì yóu yǒng yòu jiào pá yǒng wā
分为自由泳（又叫爬泳）、蛙
yǒng dié yǒng hé yǎng yǒng sì zhǒng xíng shì
泳、蝶泳和仰泳四种形式。
jìng jì yóu yǒng shǔ yú yǒu yǎng yùn dòng
竞技游泳属于有氧运动，
tā xū yào cān yù zhě yōng yǒu yí dìng de
它需要参与者拥有一定的
fèi huó liàng bìng qiě zài jìn xíng yóu yǒng
肺活量。并且，在进行游泳

▲游泳比赛时，运动员身体入水后要保持流线型姿势。

运动之前，一定要做好热身运动，否则很可能有生命危险。1896年第一届奥运会时，游泳被正式列入比赛项目。十九世纪末，游泳比赛项目被正式传入中国。

妙问趣答

竞技游泳包括哪些形式？

答：自由泳（爬泳）、蛙泳、蝶泳和仰泳四种。

自由泳的阻力小，速度均匀，是最省力的一种游泳姿势。

大开眼界

仰泳，又叫背泳，是人体仰卧在水中的一种游泳姿势。仰泳包括蛙泳和反爬泳。仰泳是唯一在水中开始的姿势，其它都是从泳池边跳入水中开始。

tiào shuǐ

跳水

tiào shuǐ yùn dòng shì yí xiàng yóu gè rén cān jiā de jìng sài xiàng
跳水运动是一项由个人参加的竞赛项
mù shì zhǐ zài guī dìng gāo dù jí qì xiè shang qǐ tiào zài kōng zhōng wán
目，是指在规定高度及器械上起跳，在空中完
chéng gè zhǒng jì shù dòng zuò bìng yǐ tè dìng dòng zuò rù shuǐ de yí xiàng
成各种技术动作，并以特定动作入水的一项
yōu měi de shuǐ shàng yùn dòng xiàn dài tiào shuǐ yùn dòng zài shí jiǔ shì jì
优美的水上运动。现代跳水运动在十九世纪
mò de dé guó shuài xiān dé yǐ kāi zhǎn xiàn dài tiào shuǐ bǐ sài zhǔ yào yǒu
末的德国率先得以开展。现代跳水比赛主要有
shì jiè tiào shuǐ jǐn biāo sài shì jiè bēi tiào shuǐ jǐn biāo sài
世界跳水锦标赛、世界杯跳水锦标赛
děng děng tiào shuǐ bāo kuò shí yòng tiào shuǐ biǎo
等等。跳水包括实用跳水、表
yǎn tiào shuǐ hé jìng jì tiào shuǐ yǒu
演跳水和竞技跳水。有

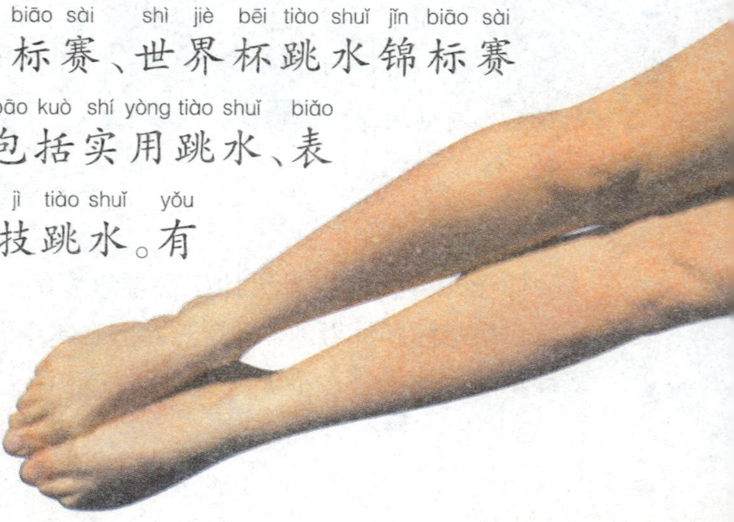

▶每组跳水动作都有自己的号码，用来表示动作组别和翻腾转体的周数。

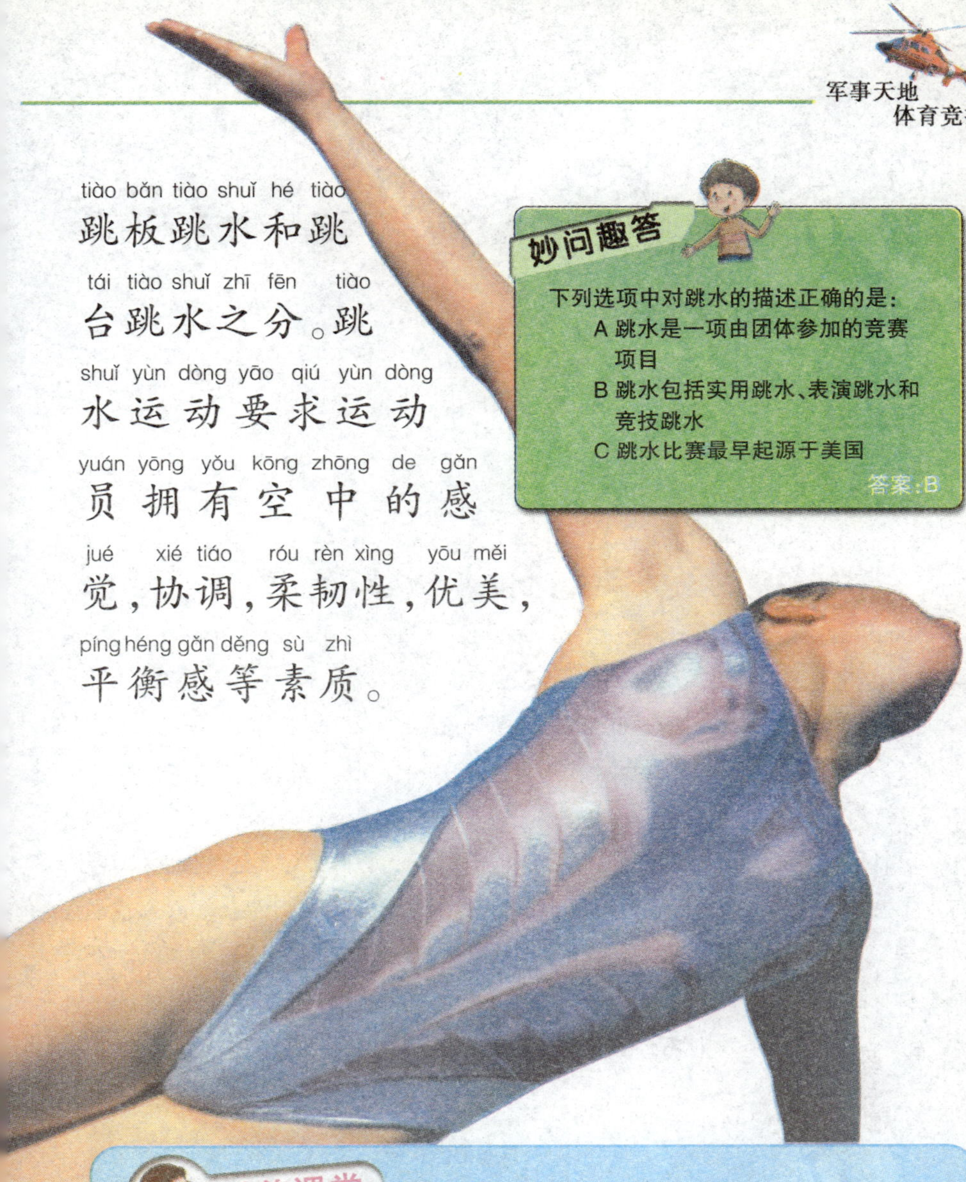

tiào bǎn tiào shuǐ hé tiào
跳板跳水和跳
tái tiào shuǐ zhī fēn tiào
台跳水之分。跳
shuǐ yùn dòng yāo qiú yùn dòng
水运动要求运动
yuán yōng yǒu kōng zhōng de gǎn
员拥有空中的感
jué xié tiáo róu rèn xìng yōu měi
觉，协调，柔韧性，优美，
píng héng gǎn děng sù zhì
平衡感等素质。

妙问趣答

下列选项中对跳水的描述正确的是：

A 跳水是一项由团体参加的竞赛项目

B 跳水包括实用跳水、表演跳水和竞技跳水

C 跳水比赛最早起源于美国

答案：B

科普课堂

在我国宋朝以前就出现过类似跳水的运动“水秋千”。表演者利用“秋千”来使身体凌空而起，在空中完成相应的动作之后跳入水中。动作灵活，形态优美，类似于现代的花样跳水。

huá bīng

滑冰

huá bīng zhǐ de shì chuān zhe bīng dāo huò qí tā qì cái zài bīng

滑冰指的是穿着冰刀或其他器材，在冰

miàn shang jìn xíng de yí xiàng tǐ yù yùn dòng huá bīng bù jǐn néng duàn liàn

面上进行的一项体育运动。滑冰不仅能锻炼

rén tǐ de píng héng néng lì xié tiáo néng lì

人体的平衡能力、协调能力，

yǐ jí shēn tǐ de róu rèn xìng hái kě yǐ zēng

以及身体的柔韧性，还可以增

qiáng rén de xīn fèi gōng néng tí gāo yǒu yǎng yùn

强人的心肺功能，提高有氧运

dòng néng lì bìng qiě néng yǒu xiào de duàn liàn xià

动能力，并且能有效地锻炼下

花样滑冰包括男、女单人滑、双人滑和冰上舞蹈等比赛项目。

妙问趣答

选出与花样滑冰相关的一项：

A 比赛一般在周长 400 米的场地上进行

B 它是技巧与艺术性高度结合的运动项目

C 比赛时必须佩带头盔和防护手套等工具

答案：B

肢力量。滑冰包括速度滑冰和花样滑冰等项目。其中速度滑冰又分为大跑道速滑和短跑道速滑，比赛通常在周长400米的跑道进行。短道速滑是速度滑冰的分支，比赛时必须配戴头盔、手套等防护工具。花样滑冰则是技巧与艺术性高度结合的运动项目。

▼我国开展速度滑冰比赛比较普及的地区和单位有东三省、解放军、内蒙古和新疆。

知识卡片

练习花样滑冰不但可以增强心血管功能、提高平衡能力、增加下肢力量，还能够控制体重，获得良好的柔韧性和弹跳能力。

huá xuě
滑雪

妙问趣答

滑雪都有哪些种类?

答:大致分为阿尔卑斯山式、北欧式和自由式三种类别。

huá xuě shì jiè zhù huá xuě
滑雪是借助滑雪
gōng jù zài xuě dì shang huá xíng de
工具在雪地上滑行的
yùn dòng xiàng mù shì yì zhǒng zài
运动项目,是一种在
xuě dì shang jìn xíng sù dù tiào
雪地上进行速度、跳
yuè hé huá jiàng de jìng sài yùn dòng xiàn dài huá xuě dà zhì kě fēn wéi ā
跃和滑降的竞赛运动。现代滑雪大致可分为阿
ěr bēi sī shān shì běi ōu shì
尔卑斯山式、北欧式
hé zì yóu shì sān zhǒng
和自由式三种

▼世界滑雪处于领先地位的国家有挪威、芬兰、法国、意大利、德国、奥地利等。

回转是高山滑雪比赛项目之一，亦称回转滑雪或回转障碍。

lèi bié ā ěr bēi sī
类别。阿尔卑斯
shān shì huá xuě shì yán xuě pō huá
山式滑雪是沿雪坡滑
jiàng de huá xuě yùn dòng yīn qǐ yuán yú ā ěr bēi sī shān ér dé míng
降的滑雪运动，因起源于阿尔卑斯山而得名；
běi ōu shì huá xuě bāo kuò yuè yě huá xuě hé huá xuě tiào yuè qí zhōng
北欧式滑雪包括越野滑雪和滑雪跳跃，其中
yuè yě huá xuě shì zuì pǔ biàn de huá xuě fāng shì zì yóu shì huá xuě shì
越野滑雪是最普遍的滑雪方式；自由式滑雪是
yì zhǒng tè jì yùn dòng huá xuě zhě zài yán xuě pō huá jiàng de tóng shí
一种特技运动，滑雪者在沿雪坡滑降的同时
hái huì biǎo yǎn hòu tiào tī tuǐ huò fān gēn tou děng tè jì dòng zuò
还会表演后跳、踢腿或翻跟头等特技动作。

大开眼界

1924 年 1 月，在法国举行了第一届冬季奥林匹克运动会，进行了滑雪比赛，并成立了国际滑雪联合会，除冬季奥林匹克运动会之外，还有世界滑雪锦标赛、世界杯滑雪比赛等。

zì yóu tǐ cāo
自由体操

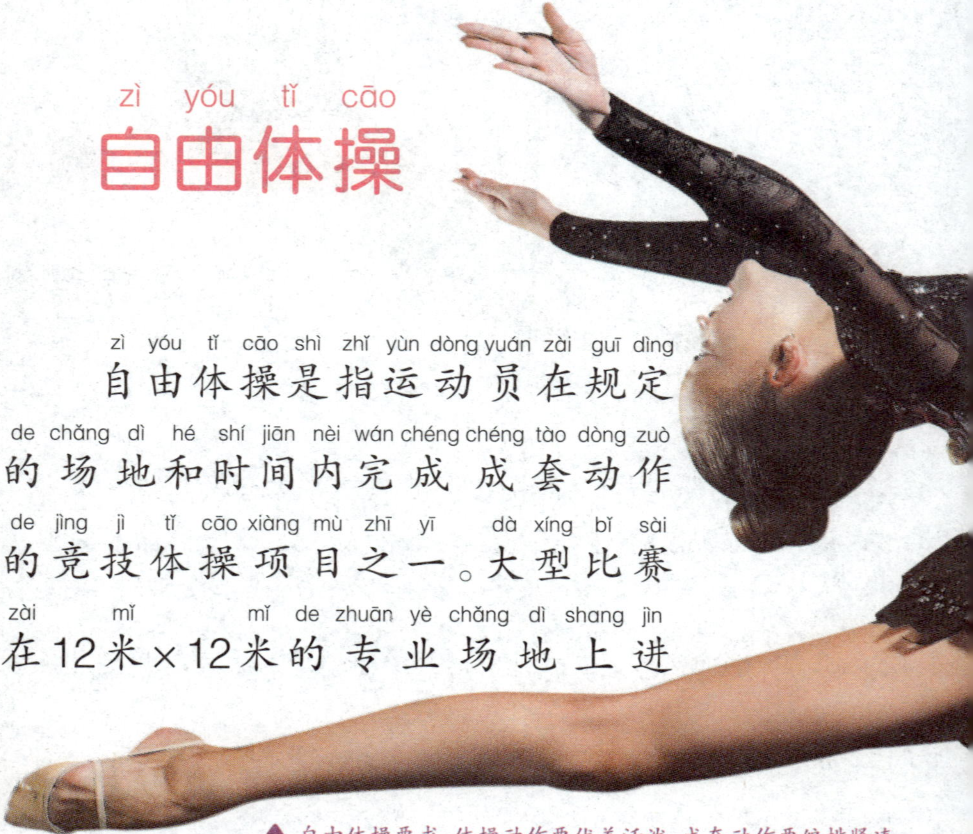

▲自由体操要求，体操动作要优美活泼，成套动作要编排紧凑。

zì yóu tǐ cāo shì zhǐ yùn dòng yuán zài guī dìng de chǎng dì hé shí jiān nèi wán chéng chéng tào dòng zuò de jìng jì tǐ cāo xiàng mù zhī yī dà xíng bǐ sài zài mǐ mǐ de zhuān yè chǎng dì shang jìn xíng dà bù fen bǐ sài de zhuān yòng chǎng dì zài dì bǎn xià miàn zhuāng yǒu tán huáng huò xiàng jiāo shǐ chǎng dì fù yǒu tán xìng néng gòu shǐ rén tiào de gèng gāo hái kě yǐ jiǎn qīng yùn dòng yuán luò dì shí de chōng jī lì nián nán zǐ zì yóu tǐ cāo bèi liè wéi guó jì bǐ

自由体操是指运动员在规定的场地和时间内完成成套动作的竞技体操项目之一。大型比赛在12米×12米的专业场地上进行。大部分比赛的专用场地在地板下面装有弹簧或橡胶，使场地富有弹性，能够使人跳得更高，还可以减轻运动员落地时的冲击力。1911年，男子自由体操被列为国际比

妙问趣答

下列关于自由体操的选项中说法错误的是：

A 是运动员在规定的场地和时间内完成成套动作的竞技体操项目

B 比赛场地地板下装有弹簧或橡胶，可以减轻运动员落地时的冲力

C 女子自由体操的比赛时间限制为 70 秒

答案：C

赛项目。1950年，女子自由体操也列入了比赛项目。自由体操的成套动作由技巧和各种旋体、跨跳、舞蹈等动作组成。男子自由体操的时间限制是70秒，女子是90秒，而且，女子比赛可以配有音乐。

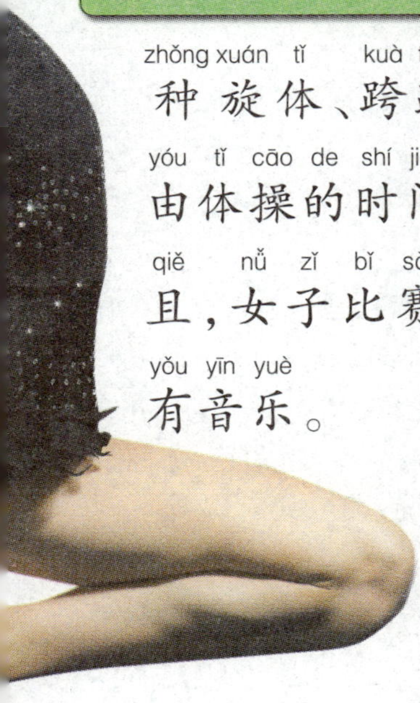

▲女子自由体操以舞蹈动作为主，20 世纪 60 年代出现空翻转体，80 年代初出现空翻两周加转体。

科普课堂

自由体操明确规定了边界，边界之外的区域由其它颜色的地毯标识或贴着颜色明显的胶带。大部分场地在规定场地外还留有几英尺的安全区域，可以对运动员起保护作用。

两只吊环被吊在距离地面约 2.4 米的空中。

diào huán
吊环

diào huán shì nán zǐ jìng jì tǐ
吊环是男子竞技体
cāo xiàng mù zhī yī diào huán yùn dòng qǐ
操项目之一。吊环运动起
yuán yú fǎ guó hòu lái chuán rù yì dà lì hé dé guó zǎo qī de diào
源于法国，后来传入意大利和德国。早期的吊
huán dòng zuò zhǐ yǒu jiǎn dān de xuán chuí zhī chēng hé bǎi dàng děng
环动作只有简单的悬垂、支撑和摆荡等。
nián diào huán bèi liè wéi guó jì bǐ sài xiàng mù diào huán yùn dòng
1896年，吊环被列为国际比赛项目。吊环运动
yāo qiú yǒu yí dìng nán dù de
要求有一定难度的

比赛时，裁判会根据运动员控制吊环的稳定程度来进行评分。

xiàng qián bǎi dòng wán chéng de shǒu dào lì hé xiàng hòu bǎi dòng wán chéng de shǒu dào lì hái yào yǒu yí gè yǒu nán dù de lì liàng jìng zhǐ dòng zuò

向前摆动完成的手倒立和向后摆动完成的手倒立，还要有一个有难度的力量静止动作。

妙问趣答

吊环比赛中要求有哪些动作?

答:向前摆动完成的手倒立、向后摆动完成的手倒立、力量静止动作。

zài suǒ yǒu tǐ cāo xiàng mù zhōng diào huán shì duì lì liàng yāo qiú zuì gāo de xiàng mù dào le shì jì diào huán chéng wéi dú lì de nán zǐ tǐ cāo xiàng mù nián bèi liè wéi dì yī jiè ào yùn huì de bǐ sài xiàng mù

在所有体操项目中，吊环是对力量要求最高的项目。到了19世纪，吊环成为独立的男子体操项目，1896年被列为第一届奥运会的比赛项目。

吊环的动作要求动静结合，高难力量性动作和摆动动作巧妙衔接。

知识卡片

吊环是受到杂技演员悬空绳索表演的启发而创造的。1842 年，德国人施皮斯制作了第一副吊环。

guó jì xiàng qí
国际象棋

guó jì xiàng qí yòu chēng ōu zhōu xiàng qí huò xī yáng qí shì yí xiàng yóu liǎng rén duì yì shǐ yòng yí gè dài gé zi de qí pán hé jīng guò tè bié shè jì de qí zǐ jìn xíng jìng jì de tǐ yù yùn dòng shì cān sài shuāng fāng zài zhàn lüè zhàn shù hé sī xiǎng yì zhì shang de yì cháng jī liè zhàn dòu yǐ jí tǐ lì shang de jiān rèn bù bá de jiào liàng

国际象棋又称欧洲象棋或西洋棋，是一项由两人对弈，使用一个带格子的棋盘和经过特别设计的棋子进行竞技的体育运动，是参赛双方在战略战术和思想意志上的一场激烈战斗，以及体力上的坚韧不拔的较量。

guó jì xiàng qí yóu yìn dù huò zhōng guó de gǔ lǎo qí xì fā zhǎn ér lái jù shǐ liào jì zǎi guó jì

国际象棋由印度或中国的古老棋戏发展而来。据史料记载，国际

▼国际象棋的黑白棋子各16个，多用木头、石头或橡胶制成。

xiàng qí de fā zhǎn lì shǐ yǐ jiāng jìn
象棋的发展历史已将近2 000
nián dà yuē zài shì jì shí
年。大约在15~16世纪时，
xiàn dài guó jì xiàng qí de xíng shì hé
现代国际象棋的形式和
bǐ sài zhì dù yǐ
比赛制度已
jīng dìng xíng
经定型。1924
nián chéng lì le guó jì xiàng qí lián hé huì guó jì xiàng qí yú
年成立了国际象棋联合会。国际象棋于1956
nián bèi zhèng shì liè rù zhōng guó de tǐ yù xiàng mù
年被正式列入中国的体育项目。

妙问趣答

下列选项中对国际象棋描述错误的是：

A 国际象棋又称欧洲象棋或西洋棋

B 国际象棋协会于 1924 年成立

C 国际象棋的发展历史已经有 2 500 多年

答案：C

大开眼界

国际象棋的政治色彩十分浓郁，国际象棋的棋子名称与西方封建社会的社会阶层有着密切的联系，如：主教、骑士、皇后等。

wéi qí
围棋

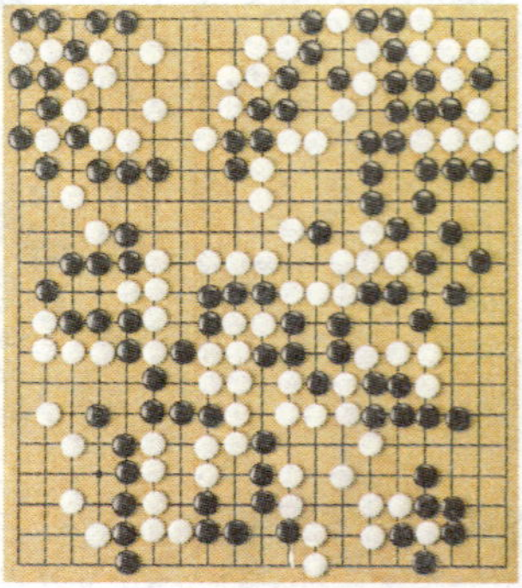

围棋发展距今已有 4 000 多年的历史。

wéi qí qǐ yuán yú zhōng guó chūn qiū
围棋起源于中国，春秋
zhàn guó shí qī jiù yǒu jì zǎi gǔ dài chēng
战国时期就有记载，古代称
wéi yì liú xíng yú dōng yà guó jiā shǔ
为“弈”，流行于东亚国家，属
yú qín qí shū huà sì yì zhī yī shì zhōng
于琴棋书画四艺之一，是中
guó wén huà yǔ wén míng de tǐ xiàn suí táng shí
国文化与文明的体现。隋唐时
qī wéi qí jīng cháo xiān chuán rù rì běn hòu yòu liú chuán dào ōu měi guó
期围棋经朝鲜传入日本后又流传到欧美国
jiā wéi qí cǎi yòng fāng gé qí pán
家。围棋采用方格棋盘
hé hēi bái liǎng sè yuán xíng qí zǐ
和黑白两色圆形棋子
jìn xíng duì yì yòng lái zhì zuò qí
进行对弈，用来制作棋
zǐ de cái liào yǒu shí zǐ mǎ
子的材料有石子、玛

妙问趣答

围棋的棋盘有多少个交叉点：

A 360 个

B 361 个

C 365 个

答案：B

nǎo bèi ké děng qí pán shang yǒu zòng héng gè tiáo zhí xiàn zhè xiē
瑙、贝壳等。棋盘上有纵横各19条直线，这些
zhí xiàn jiāng qí pán fēn chéng gè jiāo chā diǎn qí zǐ zǒu zài jiāo chā
直线将棋盘分成361个交叉点，棋子走在交叉
diǎn shang shuāng fāng jiāo tì xíng qí luò zǐ hòu bù kě yí dòng wéi
点上，双方交替行棋，落子后不可移动，围
dì duō de zé wéi shèng zhě ér qiě wéi qí hái bèi rèn wéi shì shì jiè
地多的则为胜者。而且，围棋还被认为是世界
shang zuì fù zá de qí pán yóu xì zhī yī
上最复杂的棋盘游戏之一。

▼棋盘上面有九个特殊的小圆点，叫作星位，中央的星位称为“天元”。

科普课堂

围棋不仅在中国非常受欢迎，在日本、韩国也是十分盛行的。19 世纪中叶，日本的围棋水平有了赶超中国的趋势，并在后来的一百年间将中国远远甩在后面。直到 80 年代中后期，围棋呈现出中日韩三足鼎立的状态。2013 年中国终于重回围棋霸主的宝座。

róu dào

柔道

柔道是奥运会比赛中唯一允许使用窒息或扭脱关节等手段制伏对手的项目。

róu dào shì rì běn wǔ shù
柔道是日本武术
zhōng tè yǒu de yì kē shì yóu róu shù yǎn biàn fā zhǎn ér lái de zài
中特有的一科，是由柔术演变发展而来的。在
rì yǔ zhōng shì róu zhī dào de yì si róu dào shì yì zhǒng yǐ shuāi
日语中是“柔之道”的意思。柔道是一种以摔
fǎ hé dì miàn jì wéi zhǔ de gé
法和地面技为主的格
dòu shù róu dào de duì kàng xìng hěn
斗术。柔道的对抗性很
qiáng qiáng diào xuǎn shǒu zài bǐ sài
强，强调选手在比赛
zhōng duì jì qiǎo de líng huó yùn
中对技巧的灵活运

妙问趣答

以下选项中说法错误的是：

A 柔道讲究选手在比赛中力量的对比

B “柔道之父”是嘉纳治五郎

C 柔道于1946年第十八届奥运会被列为正式的比赛项目

答案：A

yòng ér fēi dān chún de lì liàng duì bǐ zài
用，而非单纯的力量对比。在
róu dào bǐ sài zhōng yǐ shǒu xiān bǎ duì shǒu
柔道比赛中，以首先把对手
shuāi dǎo zài dì wéi pàn duàn qǔ shèng
摔倒在地为判断取胜
de biāo zhǔn róu dào de lì shǐ
的标准。柔道的历史
fēi cháng gǔ lǎo zuì zǎo de
非常古老，最早的
liú pài shì rì běn tiān wén yuán
流派是日本天文元
nián nián liù yuè chuàng
年（1532年）六月创
shǐ de zhú nèi liú pài
始的竹内流派。1946
nián dì shí bā jiè ào yùn huì zhèng shì
年，第十八届奥运会正式
jiāng róu dào liè wéi bǐ sài xiàng mù
将柔道列为比赛项目。

在练习和比赛柔道时，须赤足、穿着柔道衣。

知识卡片

嘉纳治五郎被称为“柔道之父”，他综合了当时流行的各派柔术精华，创立了以投、固技、当身挤为主的现代柔道，同时创建了训练柔道运动员的讲道馆。

jǔ zhòng
举重

jǔ zhòng shì yì zhǒng lì
举重是一种历
shǐ yōu jiǔ de yùn dòng zài gǔ
史悠久的运动。在古
dài zhōng guó jǔ zhòng tōng cháng yòng yú píng
代中国，举重通常用于评
gū shì bīng de shēn tǐ sù zhì shì bīng men
估士兵的身体素质，士兵们
huì jǔ qǐ míng jiào dǐng de wù tǐ lái
会举起名叫“鼎”的物体来
zhèng míng zì jǐ shēn tǐ jiàn zhuàng xiàn dài
证明自己身体健壮。现代

妙问趣答

为近代举重比赛奠定基础的制度是何时制定的？制度内容是？

答：1920 年第七届奥运会按照运动员的体重划分成五个级别，并改为单手抓举、挺举和双手挺举。

举重要求用双手将杠铃举过头并在规定时间内不落下。

jǔ zhòng yùn dòng xīng qǐ yú shí jiǔ shì jì bā shí nián dài chū qī de yīng guó hé měi guó rén men zài nà shí kāi shǐ zhì lì yú zǔ zhī guó jì xìng de jǔ zhòng bǐ sài nián de

举重运动兴起于十九世纪八十年代初期的英国和美国，人们在那时开始致力于组织国际性的举重比赛。1920年的

dì qī jiè ào yùn huì jiāng jǔ zhòng zhèng shì liè wéi bǐ sài xiàng mù dàn dāng shí de guī zé bìng bù wán shàn xiàn zài de ào yùn huì bǐ sài xiàng mù zhōng nán zǐ jǔ zhòng fēn wéi gè jí bié jǔ zhòng shí yùn dòng yuán yào wán chéng liǎng gè jǔ zhòng dòng zuò jí zhuā jǔ hé tǐng jǔ

第七届奥运会将举重正式列为比赛项目，但当时的规则并不完善。现在的奥运会比赛项目中，男子举重分为8个级别，举重时，运动员要完成两个举重动作，即抓举和挺举。

大开眼界

举重运动员在比赛前抹在手上的白色粉末我们称为“镁粉”，镁粉的主要成分是碳酸镁。运动员利用镁粉来增加抓握杠铃时的摩擦力。

ào lín pǐ kè yùn dòng huì

奥林匹克运动会

▼现代奥运会中，奥运圣火于 1928 年的阿姆斯特丹奥运会上首次出现。

ào lín pǐ kè yùn dòng huì jiǎn chēng ào
奥林匹克运动会简称“奥
yùn huì shì yóu guó jì ào lín pǐ kè wěi
运会”，是由国际奥林匹克委
yuán huì zhǔ bàn de shì jiè shang guī mó zuì dà
员会主办的世界上规模最大
de zōng hé xìng yùn dòng huì měi sì nián jǔ bàn
的综合性运动会，每四年举办
yí jiè kāi bàn zǒng shí jiān wéi bàn gè yuè zuǒ
一届，开办总时间为半个月左
yòu gòng fēn wéi xià jì ào yùn huì dōng jì
右。共分为夏季奥运会、冬季

妙问趣答

下列不属于奥运会的是：

A 残奥会

B 大冬会

C 青奥会

答案：B

ào yùn huì xià jì cán jí rén ào
奥运会、夏季残疾人奥
yùn huì dōng jì cán jí rén ào yùn
运会、冬季残疾人奥运
huì xià jì qīng nián ào yùn huì hé
会、夏季青年奥运会和
dōng jì qīng nián ào yùn huì ào yùn
冬季青年奥运会。奥运
huì shì yǐ cù jìn rén de shēng lǐ xīn lǐ hé shè huì dào dé quán miàn
会是以促进人的生理、心理和社会道德全面
fā zhǎn gōu tōng gè guó rén mín zhī jiān de xiāng hù liǎo jiě zài quán shì
发展、沟通各国人民之间的相互了解、在全世
jiè pǔ jí ào lín pǐ
界普及奥林匹
kè zhǔ yì wéi hù shì
克主义、维护世
jiè hé píng wéi zhǔ de
界和平为主的
guó jì shè huì huó dòng
国际社会活动。

奥运会以国际奥委会、国际单项体育联合会和各国奥委会为骨干组织。

科普课堂

奥林匹克运动会起源于两千多年前的古希腊奥林匹亚运动会。现代奥运会是法国人顾拜旦于 19 世纪末提出倡议，并于 1896 年首次举办。

shì jiè bēi zú qiú sài

世界杯足球赛

shì jiè bēi zú qiú sài jí guó jì zú lián shì jiè bēi shì shì jiè
世界杯足球赛即国际足联世界杯，是世界
shang zuì jù yǐng xiǎng lì de zú qiú bǐ sài yǔ ào yùn huì bìng chēng wéi
上最具影响力的足球比赛，与奥运会并称为
quán qiú tǐ yù liǎng dà zuì dǐng jí
全球体育两大最顶级
sài shì shèn zhì shì yǐng xiǎng lì hé
赛事，甚至是影响力和
chuán bō fù gài lǜ yǐ chāo guò ào
传播覆盖率已超过奥
yùn huì de zuì dà tǐ yù shèng shì
运会的最大体育盛事。

妙问趣答

世界杯与什么并称为全球体育两大顶级赛事？

A 冬奥会
B 奥运会
C 残奥会

答案：B

shì jiè bēi měi sì nián jǔ bàn yí cì
世界杯每四年举办一次，
rèn hé guó jì zú lián huì yuán guó dōu
任何国际足联会员国都
kě yǐ pài chū dài biǎo duì bào míng cān
可以派出代表队报名参
jiā zhè xiàng sài shì shì jiè bēi shì
加这项赛事。世界杯是
shì jiè zú qiú yùn dòng fā zhǎn tuī
世界足球运动发展推
guǎng hé pǔ jí de yuán tóu hé gēn
广和普及的源头和根
běn yīn cǐ yě bèi jiào zuò shēng mìng
本，因此也被叫作“生命
zhī bēi shì jiè bēi shì quán qiú gè
之杯”。世界杯是全球各
gè guó jiā zài zú qiú lǐng yù mèng mèi yǐ qiú de shén shèng róng yào yě
个国家在足球领域梦寐以求的神圣荣耀，也
shì zú qiú yùn dòng yuán men de zuì zhōng mèng xiǎng
是足球运动员们的最终梦想。

▲现任世界杯奖杯的名字是“大力神杯”。

知识卡片

巴西是目前获得世界杯冠军最多的国家，一共获得了 5 次冠军称号，并且因连续夺得三次世界杯冠军而得到了永久保存前任世界杯奖杯的殊荣。

huáng pái hé hóng pái

黄牌和红牌

huáng pái shì tǐ yù bǐ sài zhōng yì zhǒng
黄牌是体育比赛中一种
chéng fá guī zé dāng jiào liàn yuán yùn dòng yuán
惩罚规则。当教练员、运动员、
lǐng duì yǒu gù yì bù zūn zhòng cái pàn yuán wéi fǎn guī zé jīng shén fàn
领队有故意不尊重裁判员、违反规则精神、犯
guī děng xíng wéi shí
规等行为时，
cái pàn yuán jiù huì chū
裁判员就会出
shì huáng pái duì fàn guī
示黄牌，对犯规
rén yuán biǎo shì jǐng gào
人员表示警告。

黄牌和红牌在1970年足球世界杯时开始广泛使用。

hóng pái yě shì tǐ yù bǐ sài zhōng
红牌也是体育比赛中
yì zhǒng chéng fá guī zé bìng qiě shì zuì
一种惩罚规则，并且是最
yán lì de chéng fá cuò shī dāng jiào liàn
严厉的惩罚措施。当教练

妙问趣答

出示黄牌的意义是什么？

A 警告

B 驱逐出场

C 扣分

答案：A

yuán yùn dòng yuán lǐng duì shòu dào
员、运动员、领队受到
huáng pái jǐng gào hòu yòu gù yì fàn
黄牌警告后又故意犯
guī shí huò
规时，或
dāng jiào liàn
当教练
yuán yùn dòng yuán lǐng duì fàn guī shí fēn yán
员、运动员、领队犯规十分严
zhòng shí cái pàn yuán kě chū shì hóng pái qǔ xiāo
重时，裁判员可出示红牌，取消
qí bǐ sài zī gé bìng jiāng qí
其比赛资格并将其
qū zhú chū chǎng bù tóng yùn
驱逐出场。不同运
dòng xiàng mù hóng pái de jù
动项目红牌的具
tǐ yì yì lüè yǒu bù tóng
体意义略有不同。

▲得到红牌的球员会根据犯规情节的严重程度被停赛一场以上。

大开眼界

使用黄、红牌惩罚规则的运动有足球、手球、橄榄球、曲棍球、乒乓球、羽毛球等球类运动。在足球比赛中，第二次被出示黄牌，球员也会被罚下场。